Angelika Landmann

Tschuwaschisch
Kurzgrammatik

Angelika Landmann

Tschuwaschisch
Kurzgrammatik

2014

Harrassowitz Verlag · Wiesbaden

Bibliografische Information der Deutschen Nationalbibliothek
Die Deutsche Nationalbibliothek verzeichnet diese Publikation in der Deutschen
Nationalbibliografie; detaillierte bibliografische Daten sind im Internet
über http://dnb.dnb.de abrufbar.

Bibliographic information published by the Deutsche Nationalbibliothek
The Deutsche Nationalbibliothek lists this publication in the Deutsche
Nationalbibliografie; detailed bibliographic data are available on the internet
at http://dnb.dnb.de.

Informationen zum Verlagsprogramm finden Sie unter
http://www.harrassowitz-verlag.de

© Otto Harrassowitz GmbH & Co. KG, Wiesbaden 2014
Das Werk einschließlich aller seiner Teile ist urheberrechtlich geschützt.
Jede Verwertung außerhalb der engen Grenzen des Urheberrechtsgesetzes ist ohne
Zustimmung des Verlages unzulässig und strafbar. Das gilt insbesondere
für Vervielfältigungen jeder Art, Übersetzungen, Mikroverfilmungen und
für die Einspeicherung in elektronische Systeme.
Gedruckt auf alterungsbeständigem Papier.
Druck und Verarbeitung: Hubert & Co., Göttingen
Printed in Germany
ISBN 978-3-447-10308-4

Inhaltsverzeichnis

Vorwort VII

Lautlehre 1
1. Das Alphabet – 2. Betonung – 3. Vokalharmonie – 4. Suffixbildung
5. Anmerkungen zu einzelnen Buchstaben

I.   Das Substantiv 11
1. Grundform und Nominativ – 2. Der Plural – 3. Der Genitiv – 4. Der Dativ – 5. Der Akkusativ – 6. Der Lokativ – 7. Der Ablativ – 8. Die Possessivsuffixe der 1. und 2. Personen – 9. Die Possessivsuffixe der 3. Personen – 10. Die Genitiv-Possessiv-Konstruktion – 11. Zusammengesetzte Substantive – 12. Der Ablativus partitivus

II. Das Adjektiv 23
1. Der Gebrauch des Adjektivs – 2. Der Komparativ – 3. Der Superlativ – 4. Intensivformen

III. Das Adverb 26

IV. Pronomina 27
1. Demonstrativpronomina – 2. Personalpronomina – 3. Possessivpronomina – 4. Reflexivpronomina – 5. Das reziproke Pronomen – 6. Indefinitpronomina – 7. Interrogativpronomina – 8. Fragepartikeln

V. Die Zahlen 35
1. Kardinalzahlen – 2. Kollektivzahlen – 3. Ordinalzahlen – 4. Das Datum – 5. Die Uhrzeit – 6. Das Alter – 7. Bruchzahlen – 8. Distributivzahlen

VI. Postpositionen 42
1. Postpositionen mit dem Nominativ – 2. Postpositionen mit dem Genitiv – 3. Postpositionen mit dem Dativ – 4. Postpositionen mit dem Ablativ

VII. Das Hilfsverb *sein* sowie пур und çук 49
1. Das Präsens – 2. Das Verb **пул-** – 3. Das Perfekt/Präteritum

VIII. Zeiten und Modi des Vollverbs 52
1. Allgemeines – 2. Präsens- und Futurformen – 3. Perfektformen –
4. Aufforderungsformen – 5. Mit -(ч)чĕ zusammengesetzte Verbformen – 6. Mit Bildungen von пул- zusammengesetzte Verbformen

IX. Verbalnomina 72
1. Allgemeines – 2. Der Infinitiv auf -ме – 3. Das Partizip auf (ø)-екен – 4. Das Partizip auf -нĕ – 5. Das Verbalsubstantiv auf -нĕ –
6. Das Verbalnomen auf -мен – 7. Das Verbalnomen auf (ø)-ес –
8. Das Verbalnomen auf -мелли

X. Konverbien 86
1. Das Konverb auf (ø)-е – 2. Verbalkompositionen mit dem Konverb auf (ø)-е – 3. Das Konverb auf -се – 4. Verbalkompositionen mit dem Konverb auf -се – 5. Die Form тесе – 6. Das Konverb auf -месĕр –
7. Das Konverb auf -мессерен – 8. Das Konverb auf -нĕçемĕн –
9. Das Konverb auf -сен – 10. Das Konverb auf (ø)-иччен

XI. Konjunktionen 99

XII. Partikeln 101

XIII. Wortbildung 103
1. Substantive auf -ӳ/в – 2. Substantive auf -çĕ – 3. Substantive auf -скер – 4. Adjektive auf -(л)лĕ – 5. Adjektive auf -сĕр – 6. Substantive und Adjektive auf -лĕх – 7. Das Zugehörigkeitssuffix -хи –
8. Das Äquativsuffix -(л)ле – 9. Adverbien auf -(ĕ)н – 10. Verbstämme auf -ле – 11. Reflexive Verbstämme – 12. Reziproke Verbstämme
13. Kausative Verbstämme – 14. Das Passiv ....

XIV. Wortfolge 113

Anhang 115
Übersicht über die tschuwaschischen Suffixe 115
Übersicht über die Possessivdeklination des Substantivs 118
Übersicht über die Konjugation des Verbs 120
Die deutschen Nebensätze und ihre tschuwaschischen Entsprechungen 124
Alphabetisches Vokabelverzeichnis 125
Sachregister 136
Literaturverzeichnis 138

Vorwort

Die vorliegende Kurzgrammatik des Tschuwaschischen vermittelt auf 138 Seiten die wichtigsten Grundlagen der tschuwaschischen Grammatik in knapper, übersichtlicher und leicht verständlicher Form, ohne dass es der Kenntnis einer anderen Turksprache oder des Russischen bedarf. Die einzelnen Kapitel sind nach grammatischen Kategorien geordnet, die Erklärungen werden jeweils durch Beispielsätze aus der Alltagssprache veranschaulicht.

Der Anhang enthält eine Liste der im Buch behandelten Suffixe, Tabellen zur Deklination und Konjugation, eine Übersicht über die deutschen Nebensätze und ihre tschuwaschischen Entsprechungen, ein alphabetisches Vokabelverzeichnis, ein Sachregister sowie ein Verzeichnis der verwendeten Literatur.

Zur Darstellung wurde das für das Tschuwaschische verwendete modifizierte kyrillische Alphabet gewählt.

Ich danke Frau Tatiana Tolstova und Herrn Christoph Garstka für ihre tätige Mithilfe und viele wertvolle Hinweise und Anregungen.

Heidelberg, im September 2014   Angelika Landmann

Lautlehre

1. Das Alphabet

Schrift		Aussprache	Beispielwort	
А	а	hinteres a	алăк	Tür
Ă	ă	ein stark reduzierter hinterer Vokal	s. u.	
Б	б	b, tritt nur in Fremdwörtern auf	банк	Bank
В	в	w	вăхăт	Zeit
Г	г	g, tritt nur in Fremdwörtern auf	гитара	Gitarre
Д	д	d, tritt nur in Fremdwörtern auf	директор	Direktor
Е	е	am Wortanfang, nach Vokal oder ь je	ен	Seite
		nach Konsonant vorderes, enges e	телей	Glück
Ĕ	ĕ	ein stark reduzierter vorderer Vokal	s. u.	
Ж	ж	stimmhaftes sch, tritt nur in Fremdwörtern auf	журнал	Journal
З	з	stimmhaftes s, tritt nur in Fremdwörtern auf	зал	Saal
И	и	vorderes, helles i	ир	Morgen
Й	й	deutsches j	йывăç	Baum
К	к	k oder auch g	s. u.	
Л	л	l	лаша	Pferd
М	м	m	музей	Museum
Н	н	n	никĕс	Basis
О	о	o, tritt nur in Fremdwörtern auf	океан	Ozean
П	п	p oder auch b	s. u.	
Р	р	Zungen-r	радио	Radio
С	с	stimmloses oder auch stimmhaftes s	s. u.	
Ç	ç	ein vorderer Konsonant zwischen s und sch	çурт	Haus
Т	т	t oder auch d	s. u.	
У	у	u	урам	Straße
Ÿ	ÿ	ü	чÿрече	Fenster
Ф	ф	f, tritt nur in Fremdwörtern auf	футбол	Fußball
Х	х	in hell vokalisierten Wörtern vorderes ch	хĕвел	Sonne
		in dunkel vokalisierten Wörtern hinteres ch	хула	Stadt
Ц	ц	ts, tritt nur in Fremdwörtern auf	цирк	Zirkus
Ч	ч	stimmloses tsch oder auch stimmhaftes dsch	s. u.	

Ш	ш	stimmloses oder auch stimmhaftes sch	s. u.	
Ы	ы	hinteres, dumpfes i	ывăл	Sohn
	ь	Weichheitszeichen	s. u.	
Э	э	vorderes e mit vorausgehendem Stimmband-verschluss	эрех поэзи	Wein Poesie
Ю	ю	ju	юман	Eiche
Я	я	ja	ял	Dorf

Im Tschuwaschischen werden alle Wörter klein geschrieben, es sei denn, sie stehen am Satzanfang oder es handelt sich um Eigennamen.

2. Betonung

Die Betonung liegt meist auf der letzten Silbe eines Wortes:

илем	Schönheit	юман	Eiche

Enthält die letzte Silbe einen reduzierten Vokal, fällt die Betonung auf die unmittelbar vor ihr liegende Silbe:

пӳлĕм	Zimmer	алăк	Tür

Bei Wörtern, die nur reduzierte Vokale enthalten, liegt die Betonung auf der ersten Silbe:

пĕлĕт	Wolke	вăхăт	Zeit

3. Vokalharmonie

Ein Hauptmerkmal des Tschuwaschischen ist die sogenannte **Vokalharmonie**. Sie besagt, dass ein Wort entweder nur helle bzw. vordere oder nur dunkle bzw. hintere Vokale besitzt.

Helle/vordere Vokale sind	e, ĕ, и, ӳ,
dunkle/hintere Vokale sind	а, ă, ы, у.

Gleichzeitig ist das ganze Wort samt seinen Konsonanten hell bzw. dunkel auszusprechen. Bei Wörtern, die diesem Lautgesetz nicht folgen, handelt es sich, von Ausnahmen wie **атте** *Vater* und **анне** *Mutter* abgesehen, um Fremdwörter.

4. Suffixbildung

Das zweite Hauptmerkmal ist die Tatsache, dass das Tschuwaschische als agglutinierende Sprache seine grammatischen Funktionen durch angehängte Silben, sogenannte **Suffixe**, ausdrückt. Damit das Gesetz der Vokalharmonie gewahrt bleibt, erhält ein Wort mit hellen Vokalen Suffixe mit ebenfalls hellen Vokalen und ein Wort mit dunklen Vokalen Suffixe mit ebenfalls dunklen Vokalen. Nur eine verhältnismäßig geringe Anzahl von Wörtern unterwirft sich dieser Regel nicht (vgl. hierzu die Übersicht über die tschuwaschischen Suffixe, S. 115 ff). Im Einzelnen gelten folgende Regeln:

Ein Suffix, das **Vokalharmonie 1** folgt, erhält

nach	den Vokal
е, ĕ, и, ÿ →	-е
а, ă, ы, о, у →	-а

ĕç	Arbeit	ĕç-pe	bei der Arbeit
çурт	Haus	çурт-pa	im Haus

Ein Suffix, das **Vokalharmonie 2** folgt, erhält

nach	den Vokal
е, ĕ, и, ÿ →	-ĕ
а, ă, ы, о, у →	-ă

ĕç	Arbeit	ĕç-ĕм	meine Arbeit
çурт	Haus	çурт-ăм	mein Haus

Enthält also im Folgenden ein Suffix den Vokal **e**, ist dies als Hinweis auf Vokalharmonie 1 zu verstehen; demgegenüber weist ein **ĕ** auf Vokalharmonie 2 hin, sofern nicht ausdrücklich eine Abweichung vermerkt wird.

Folgende Besonderheiten des Tschuwaschischen sind beim Anfügen von Suffixen zu beachten:

1. Substantive und Verbstämme, die auf **-ÿ/y** enden, verändern ihren Endvokal in **-ĕв/ăв**, wenn ein Suffix anschließt, das, bezogen auf konsonantisch auslautende Substantive und Verbstämme, mit Vokal beginnt:

пĕлÿ	Wissen, Kenntnis	пĕлĕв-ĕм	meine Kenntnis
çыру	Brief, Schreiben	çырăв-ăм	mein Brief

тÿ-	zerkleinern	тĕв-етĕп	ich zerkleinere
çу-	waschen	çăв-атăп	ich wasche

2. Bei zweisilbigen Substantiven und Adjektiven, deren zweite Silbe aus einem einfachen Konsonanten und einem reduzierten Vokal besteht, wird der Konsonant verdoppelt und der Endvokal entfällt, wenn ein Suffix folgt, das, ebenfalls bezogen auf konsonantisch auslautende Substantive, mit Vokal beginnt:

çĕрĕ	Ring	çĕрр-ĕм	mein Ring
сасă	Stimme	сасс-ăм	meine Stimme

Ausnahmen von dieser Regel bilden die Substantive **çутă** *Licht*, **утă** *Heu* und **тутă** *Geschmack*, deren Konsonant nicht verdoppelt wird. Von dieser Regel nicht betroffen sind der überwiegende Teil zweisilbiger Substantive und Adjektive, vor deren Endvokal zwei Konsonanten stehen, sowie Substantive und Adjektive mit mehr als zwei Silben:

кÿршĕ	Nachbar	кÿршĕ-м	mein Nachbar
ыйхă	Schlaf	ыйхă-м	mein Schlaf
карланкă	Kehle	карланкă-м	meine Kehle

3. Suffixe, die mit **п** beginnen, verändern diesen Konsonanten in **т**, wenn die vorausgehende Silbe auf **л**, **н** oder **р** endet:

сĕтел	Tisch	сĕтел-те	auf dem Tisch
вăрман	Wald	вăрман-та	im Wald
хваттер	Wohnung	хваттер-те	in der Wohnung

кил-	kommen	кил-тĕм	ich bin gekommen
кур-	sehen	кур-тăм	ich habe gesehen
çĕн-	siegen	çĕн-тĕм	ich habe gesiegt

Dieses **т** wird im Lokativ und Ablativ nach dem Pluralsuffix und dem Possessivsuffix der 3. Person sowie bei Verben im Perfekt der 3. Personen zu **ч**:

сĕтел	Tisch	сĕтел-сен-че	auf den Tischen
		сĕтел-ĕ-н-че	auf seinem Tisch

кил-	kommen	кил-чĕ	er ist gekommen
		кил-чĕç	sie sind gekommen

Des Weiteren werden die Endkonsonanten **т**, **д**, **ть**, **дь** von Substantiven nach dem Possessivsuffix der 3. Person im Nominativ und Genitiv, nicht jedoch in den übrigen Kasus, zu **ч** (vgl. hierzu die Übersicht über die Possessivdeklination, S. 118):

сехет	Uhr	сехечĕ	seine Uhr
тетрадь	Heft	тетрачĕ	sein Heft

4. Substantive und Verbstämme auf **и** erhalten ein **й** als Bindekonsonant, wenn das anschließenden Suffix mit **ĕ** oder **ÿ** beginnt:

çăраççи	Schlüssel	çăраççи-й-ÿ	dein Schlüssel
		çăраççи-й-ĕ	sein Schlüssel

çи-	essen	çи-й-ĕр	esst

5. Bei Verbstämmen auf **-р** wie **йĕр-** *weinen*, **кĕр-** *hineingehen, eintreten*, **кÿр-** *bringen*, **пар-** *geben*, **пер-** *werfen*, **пыр-** *(hin)gehen*, **тăр-** *(auf)stehen*, **хур-** *setzen, legen*, **яр-** *schicken* entfällt dieser Endkonsonant, wenn ein Suffix anschließt, das mit Konsonant beginnt. Einzige Ausnahme bilden Suffixe, die mit **с** beginnen:

кĕр-	eintreten	кĕ-ме-	nicht eintreten
		кĕ-тĕм	ich bin eingetreten
		кĕ-тĕр	er soll eintreten

Des Weiteren gilt:

Allgemein wird beim Anfügen von Suffixen das Aufeinandertreffen von Vokalen vermieden. Dies geschieht dadurch, dass entweder der Anfangsvokal eines Suffixes oder aber der Endvokal der dem Suffix vorausgehenden Silbe entfällt. Im ersten Fall beginnen die im Folgenden wie auch im Anhang (vgl. S. 115 ff.) wiedergegebenen Suffixe mit einem in Klammern gesetzten Anfangsbuchstaben; der zweite Fall ist durch (ø)- gekennzeichnet:

-(ĕ)м:

сĕтел	Tisch	сĕтел-ĕм	mein Tisch
кĕнеке	Buch	кĕнеке-м	mein Buch

(ø)-ĕр:

сĕтел	Tisch	сĕтел-ĕр	euer Tisch
кĕнеке	Buch	кĕнек-ĕр	euer Buch

Schließlich besitzt das Tschuwaschische einige zweisilbige, konsonantisch auslautende Substantive, die im Possessiv der 3. Person ihren Vokal der zweiten Silbe verlieren:

кукăль	Pastete	кукли	seine Pastete
çăкăр	Brot	çăкри	sein Brot
тутăр	Taschentuch	тутри	sein Taschentuch
чечек	Blume	чечки	seine Blume
шăпăр	Besen	шăпри	sein Besen

5. Anmerkungen zu einzelnen Buchstaben

1. Die Vokale ă und ĕ

Die Aussprache dieser beiden sogenannten reduzierten Vokale ist so kurz, dass ihr Lautwert nur schwer auszumachen ist. Beim Vokal ă klingt in den ersten Silben ein offenes *o* oder *u*, in den Folgesilben ein dumpfes *ï* mit an. Der Vokal ĕ nimmt eine mittlere Position zwischen einem *e* und einem *i* ein:

Schrift	Sprache		Schrift	Sprache	
вăрман	ворман	Wald	тинĕс	тинис	Meer
чăваш	чуваш	Tschuwasche	пĕлĕт	пилит	Wolke
кашăк	кашык	Löffel			

2. Die Buchstaben е und я

Infolge der Übernahme der kyrillischen Buchstaben е und я zur Wiedergabe der Lautverbindungen йе und йа kommt es vereinzelt dazu, dass die Grenzen zwischen Wortstamm und Suffix verschwimmen:

музей	Museum	музей-е > музее	ins Museum
кай-	gehen	кай-атăп > каятăп	ich gehe

3. Die Konsonanten п, к, т, ш, с und ч

Die Konsonanten б, г, д, ж und з sowie die Verbindung дж treten nur in Fremdwörtern auf. Zur Wiedergabe dieser stimmhaften Konsonanten verwendet das Tschuwaschische die Konsonanten п, к, т, ш, с und ч, die am Wortanfang und Wortende stimmlos, jedoch im Wortinnern stimmhaft ausgesprochen werden, wenn sie zwischen Vokalen oder zwischen й, л, м, н, р und einem Vokal stehen:

Schrift	Sprache		Schrift	Sprache	
апат	абат	Essen	урпа	урба	Gerste
пукан	пуган	Stuhl	тенкĕ	тенгĕ	Tenge
сĕтел	сĕдел	Tisch	юлташ	юлдаш	Freund
кушак	кужак	Katze	кӳршĕ	кӳржĕ	Nachbar
пасар	пазар	Markt	ĕнсе	ĕнзе	Nacken
чӳрече	чӳредже	Fenster	арча	арджа	Truhe

Soll einer dieser Konsonanten innerhalb eines Wortes stimmlos ausgesprochen werden, wird er verdoppelt wiedergegeben; verdoppelt wiedergegebene stimmhafte Konsonanten werden gelängt ausgesprochen:

пӗрре	eins	улттӑ	sechs
иккӗ	zwei	ҫиччӗ	sieben
виҫҫӗ	drei	саккӑр	acht
тӑваттӑ	vier	тӑххӑр	neun
пиллӗк	fünf	вуннӑ	zehn

Die Doppelschreibung erfolgt auch dann, wenn ein Konsonant beim Anfügen eines Suffixes zwischen Vokale gerät und stimmlos bzw. gelängt ausgesprochen werden soll:

ҫамрӑк	jung	ҫамрӑкки	der Jugendliche
пуян	reich	пуянни	der Reiche
лайӑх	gut	лайӑххи	der/das Gute
усал	böse	усалли	der/das Böse

3. Das Weichheitszeichen ь

Im Russischen kann fast jeder Konsonant hart oder weich ausgesprochen werden. Die weiche bzw. vordere Aussprache eines Konsonanten wird dadurch erreicht, dass man ihn ausspricht, als wollte man ein **j** folgen lassen. Die schriftliche Wiedergabe erfolgt durch Setzung des Weichheitszeichens ь, wenn ein weiterer Konsonant anschließt oder das Wort mit einem vorderen Konsonanten endet:

альбом	Album	тетрадь	Heft
пальто	Mantel	учитель	Lehrer
факультет	Fakultät	словарь	Wörterbuch

Folgen Vokale, werden diese durch **е**, **я** und **ю** wiedergegeben, die in diesem Fall bei der Aussprache ihren **j**-Anlaut verlieren:

билет	Fahrkarte	ӗне	Kuh
пляж	Strand	дыня	Melone
кастрюль	Kochtopf	уплюнкка	Hallimasch

Soll der **j**-Anlaut von **е**, **я** und **ю** erhalten bleiben, erhält der vorausgehende Konsonant das Weichheitszeichen:

премьера	Premiere	семье	Familie
Татьяна	Tatjana	итальян	Italiener
компьютер	Computer	Нью-Йорк	New York

Bei Übertragung dieses Prinzips auf das Tschuwaschische ist es hilfreich zu wissen, dass im Russischen die hellen, vorderen Vokale des Tschuwaschischen als weiche Vokale und die dunklen, hinteren Vokale als harte Vokale bezeichnet werden. Für Substantive, an deren Ende das Weichheitszeichen steht, gilt somit, dass nicht nur der Konsonant, sondern die ganze vorausgehende Silbe als hell anzusehen ist und daher Suffixe mit vorderen Vokalen folgen, wobei das Weichheitszeichen entfällt, wenn ein Vokal anschließt:

словарь	Wörterbuch	словар-ĕм	mein Wörterbuch
тетрадь	Heft	тетрад-ĕм	mein Heft

Entsprechend gilt ein Konsonant ohne Weichheitszeichen am Ende eines vorwiegend aus dem europäischen Sprachraum stammenden Substantivs als hinterer Konsonant mit der Folge, dass Suffixe mit hinteren Vokalen anschließen:

адрес	Adresse	адрес-ăм	meine Adresse
билет	Fahrkarte	билет-ăм	meine Fahrkarte

магазин	Kaufhaus	магазин-та	im Kaufhaus
университет	Universität	университет-ра	in der Universität

Fremdwörter auf **a** schließlich reduzieren diesen Vokal zu **ă**, wenn ein Suffix anschließt:

сумка	Tasche	сумкă-ра	in der Tasche
библиотека	Bibliothek	библиотекă-ра	in der Bibliothek

I. Das Substantiv

1. Grundform und Nominativ des Substantivs

Das tschuwaschische Substantiv hat keinen bestimmten Artikel; es unterscheidet auch nicht zwischen männlich, weiblich und sächlich.

auf л, н, р	auf т	auf restliche Konsonanten	auf e, a	auf ĕ, ă	auf ÿ, y
хĕр *Tochter*	сехет *Uhr*	ĕç *Arbeit*	кĕнеке *Buch*	çĕпĕ *Ring*	пĕлÿ *Kenntnis*
ывăл *Sohn*	çурт *Haus*	юлташ *Freund*	ача *Kind*	сacă *Stimme*	çыру Brief

In seiner Grundform hat es die Funktion eines sogenannten Kasus indefinitus und kann sowohl einen Singular wie auch einen Plural beinhalten. Gleichzeitig dient es auch als Subjektkasus, das heißt als Nominativ Singular:

вĕренекен	bedeutet *Schüler/Schülerin, Schüler/Schülerinnen* wie auch *der Schüler/die Schülerin*.

Das Demonstrativpronomen *dieser, diese, dieses* lautet **ку** (vgl. S. 27):

ку вĕренекен	bedeutet *dieser Schüler/diese Schülerin*.

Das Zahlwort **пĕр** *eins* kann auch als unbestimmter Artikel dienen:

пĕр вĕренекен	bedeutet *ein Schüler/eine Schülerin*.

Nach Mengenangaben bleibt das Substantiv meist in seiner Grundform:

икĕ вĕренекен	bedeutet *zwei Schüler/zwei Schülerinnen*
нумай вĕренекен	bedeutet *viele Schüler/viele Schülerinnen*.

Der Nominativ antwortet auf die Fragen **кам** *wer*, **мĕн** *was*:

Ку кам?	Wer ist das?
Ку – Ванюк.	Das ist Wanjuk.

Ку мĕн?	Was ist das?
Ку – кĕнеке.	Das ist ein Buch.

Substantiv	Possessive	Plural	Kasus	
хĕр		-сем	---	Nominativ
сехет			-ĕн/-н(ĕн)	Genitiv
ĕç			-(н)е	Dativ
кĕнеке			-(н)е	Akkusativ
çĕпĕ			-ре	Lokativ
			-рен	Ablativ

2. Der Plural

Der Plural wird durch das Suffix **-сем** wiedergegeben, das nicht der Vokalharmonie unterliegt. Er wird verwendet, um die Mehrzahl von Einzelpersonen oder -dingen zu bezeichnen:

хĕрсем	сехетсем	ĕçсем	кĕнекесем	çĕпĕсем	пĕлÿсем
ывăлсем	çуртсем	юлташсем	ачасем	сасăсем	çырусем

Ку ачасем вĕренекен(сем).	Diese Kinder sind Schüler.
Вĕренекенсем ĕçчен.	Die Schüler sind fleißig.

Durch den Plural wird des Weiteren die Zugehörigkeit zu einem Ort bzw. zur Familie einer Person angegeben:

Эпĕ канашсем.	Ich stamme aus Kanasch.
Атте Петĕрсем патне кайрĕ.	(Mein) Vater ist zu den Peters gegangen.

Folgt auf den Plural ein Kasussuffix, wird sein Endkonsonant zu **н** (s. u.).

3. Der Genitiv

Der Genitiv antwortet auf die Fragen **камăн** *wessen* und wird durch das Suffix **-ĕн**, nach Vokal **-нĕн** oder auch gekürzt **-н**, ausgedrückt. In Verbindung mit dem Plural lautet der Genitiv **-сен(ĕн)**:

хĕрĕн	сехетĕн	ĕçĕн	кĕнекен(ĕн)	çĕррĕн	пĕлĕвĕн
ывăлăн	çуртăн	юлташăн	ачан(ăн)	сассăн	çырăвăн

Der Genitiv tritt vor allem im Zusammenhang mit dem Possessiv der 3. Person auf (vgl. S. 20):

Ку камăн çурчĕ?	Wessen Haus ist das?
Ку – кÿршĕн çурчĕ.	Dies ist das Haus des Nachbarn.

Daneben dient er als Prädikatsnomen, um *gehören* zum Ausdruck zu bringen:

Ку çурт камăн?	Wessen ist dieses Haus = wem gehört dieses Haus?
Ку çурт кÿршĕн.	Dieses Haus ist des Nachbarn. = dieses Haus gehört dem Nachbarn.

4. Der Dativ

Der Dativ antwortet auf die Fragen **кама** *wem, zu wem*, **мĕне** *welcher Sache, weshalb, wozu, wonach*, **ăçта** *wohin*. Das Dativsuffix lautet **-е**, nach Vokal **-не**, in Verbindung mit dem Plural **-сене**:

хĕре	сехете	ĕçе	кĕнекене	çĕрпе	пĕлĕве
ывăла	çурта	юлташа	ачана	сасса	çырăва

Эсĕ кама пулăшрăн?	Wem hast du geholfen?
Эпĕ ачасене пулăшрăм.	Ich habe den Kindern geholfen.

Ăçта каятăр?	Wohin geht ihr?
Эпир яла каятпăр.	Wir gehen/fahren ins Dorf.

Darüber hinaus gibt der Dativ die Ziel- und Zweckrichtung, die geplante zeitliche Dauer sowie die Höhe des Preises, zu dem man eine Sache gekauft oder verkauft hat, wieder:

Вăрмана кăмпана кайрăмăр.	Wir sind nach Pilzen in den Wald gegangen.
Театра икĕ билет илтĕм.	Ich habe zwei Karten für das Theater gekauft.
Экскурси виçĕ куна пырать.	Die Exkursion dauert (wörtl.: geht) drei Tage.
Шупашкара виçĕ уйăхлăха килтĕм.	Ich bin für die Dauer von drei Monaten nach Tscheboksary gekommen.
Сĕтеле çĕр тенке сутрăм.	Ich habe den Tisch für 100 Tenge verkauft.

5. Der Akkusativ

Der Akkusativ wird im Tschuwaschischen durch das gleiche Suffix wiedergegeben wie der Dativ. Die Fragewörter **кама** und **мĕне** bedeuten demnach auch *wen* und *was*:

Кама кĕтетĕр?	Auf wen wartet ihr?
Хăнасене кĕтетпĕр.	Wir warten auf die Gäste.

Асатте сана мĕне вĕрентнĕ?	Was hat der Großvater dich gelehrt?
Вăл мана çут çанталака юратма вĕрентнĕ.	Er hat mich gelehrt, die Natur zu lieben.

Ку кĕнекене ăçта туяннăн?	Wo hast du dieses Buch gekauft?
Ку кĕнекене Хусанта туяннăм.	Ich habe dieses Buch in Kasan gekauft.

Ist das Akkusativobjekt unbestimmt, bleibt das Substantiv in seiner Grundform:

Мĕн туяннăн?	Was hast du gekauft?
Эпĕ кĕнеке туяннăм.	Ich habe ein Buch/Bücher gekauft.

6. Der Lokativ

Der Lokativ antwortet auf die Fragen **камра** *bei wem*, **мěнре** *worin*, **ăçта** *wo* und wird im Deutschen durch die Präpositionen *in, an, auf, bei* und *um* ausgedrückt. Das Lokativsuffix lautet -**pe**; in Verbindung mit dem Plural wird das **т** des Lokativsuffixes zu **ч**: -**сенче**:

хěрте	сехетре	ěçре	кěнекере	çěрěпе	пěлÿре
ывăлта	çуртра	юлташра	ачара	сасăпа	çырура

Эсир ăçта ларатăр?	Wo sitzt ihr?
Эпир пÿлěмре ларатпăр.	Wir sitzen im Zimmer.

Эрнере миçе сехет ěçлетěр?	Wie viele Stunden in der Woche arbeiten Sie?
Эрнере çирěм сехет ěçлетěп.	Ich arbeite zwanzig Stunden in der Woche.

Auch der ausgeübte Beruf wird durch den Lokativ ausgedrückt:

Эсир мěн ěçре ěçлетěр?	In welcher Arbeit sind Sie tätig?
Эпě шкулта учительте ěçлетěп.	Ich bin an einer Schule als Lehrer tätig.

7. Der Ablativ

Der Ablativ antwortet auf die Fragen **камран** *von wem*, **мěнрен** *woraus, wodurch, weshalb*, **ăçтан** *woher*. Das Ablativsuffix lautet -**рен**; auch hier wird das **т** des Suffixes in Verbindung mit dem Plural zu **ч**: -**сенчен**:

хěртен	сехетрен	ěçрен	кěнекерен	çěрěрен	пěлÿрен
ывăлтан	çуртран	юлташран	ачаран	сасăран	çыруран

Ку çырăва камран илтěн?	Von wem hast du diesen Brief bekommen?
Ку çырăва юлташсенчен илтěм.	Ich habe diesen Brief von Freunden bekommen.

| Эсир ăçтан килтĕр? | Woher seid ihr gekommen? |
| Эпир библиотекăран килтĕмĕр. | Wir sind aus der Bibliothek gekommen. |

| Ку çурта мĕнрен тунă? | Woraus haben sie dieses Haus gemacht? |
| Ку çурта чултан тунă. | Dieses Haus haben sie aus Stein gemacht. |

Des Weiteren gibt der Ablativ die Wegstrecke, die jemand bzw. etwas nimmt, wie auch die Ursache wieder, aus der heraus etwas geschieht:

| Пĕр хăлхаран кĕрет, тепринчен тухса каять. | Zum einen Ohr geht es hinein, zum anderen hinaus. |
| Хăранăран ман сассăм та çĕтрĕ. | Aus Furcht ist mir die Stimme abhanden gekommen. |

Das Tschuwaschische verwendet den Ablativ auch für Zeitangaben wie *in* oder *nach*:

| Пĕр сехетрен кинона каятпăр. | Wir gehen in einer Stunde ins Kino. |
| Хăнасем пĕр сехетрен килчĕç. | Die Gäste sind nach einer Stunde gekommen. |

8. Die Possessivsuffixe der 1. und 2. Personen

Auch für die Possessive besitzt das Tschuwaschische Suffixe:

Substantiv	Possessivsuffixe		Kasus	
хĕр	-(ĕ)м	mein	---	Nominativ
сехет	(ø)-ӳ	dein	-ĕн/н(ĕн)	Genitiv
ĕç		sein/ihr	-(н)е	Dativ
кĕнеке	-(ĕ)мĕр	unser	-(н)е	Akkusativ
çĕрĕ	(ø)-ĕр	euer, Ihr	-пе	Lokativ
		ihr	-рен	Ablativ

хĕрĕм	сехетĕм	ĕçĕм	кĕнекем	çĕррĕм	пĕлĕвĕм
хĕрӳ	сехетӳ	ĕçӳ	кĕнекӳ	çĕппӳ	пĕлĕвӳ
хĕрĕмĕр	сехетĕмĕр	ĕçĕмĕр	кĕнекемĕр	çĕррĕмĕр	пĕлĕвĕмĕр
хĕрĕр	сехетĕр	ĕçĕр	кĕнекĕр	çĕррĕр	пĕлĕвĕр
ывăлăм	çуртăм	юлташăм	ачам	сассăм	çырăвăм
ывăлу	çурту	юлташу	ачу	сассу	çырăву
ывăлăмăр	çуртăмăр	юлташăмăр	ачамăр	сассăмăр	çырăвăмăр
ывăлăр	çуртăр	юлташăр	ачăр	сассăр	çырăвăр

Der Possessiv der 2. Person Singular einiger Verwandtschaftstermini lautet wie folgt:

атте	Vater	açу	dein Vater
асатте	Vaters Vater	аслаçу	dein Großvater
мучи	Vaters Bruder	мучу	dein Onkel
кукаçи	Mutters Vater	кукаçу	dein Großvater
кукамай	Mutters Mutter	кукаму	deine Großmutter
шăллăм	jüngerer Bruder	шăллу	dein jüngerer Bruder

Bei der Deklination weist lediglich der Possessiv der 2. Person Singular einige geringfügige Unregelmäßigkeiten auf: bei Substantiven auf Konsonant entfällt im Dativ/Akkusativ der Vokal des Possessivsuffixes; im Lokativ und Ablativ wird ein **н** eingeschoben (vgl. hierzu die Übersicht über die Possessivdeklination, S. 118 f.):

Ку çурт кӳршĕмĕн.	Dieses Haus gehört meinem Nachbarn.
Эпир ялăмăра каятпăр.	Wir fahren in unser Dorf.
Хăнамăрсене кĕтетпĕр.	Wir warten auf unsere Gäste.
Эпĕ куçлăхăма шыратăп.	Ich suche meine Brille.
Эпир пӳлĕмне ларатпăр.	Wir sitzen in deinem Zimmer.
Юлташăрсенчен çыру илтĕм.	Ich habe von euren Freunden einen Brief bekommen.

In der gesprochenen Sprache werden die Possessivsuffixe der 1. und 2. Personen selten verwendet und durch die entsprechenden Possessivpronomina ersetzt (vgl. S. 29).

9. Die Possessivsuffixe der 3. Personen

Die Possessivsuffixe für die 3. Personen Singular und Plural unterliegen nicht der Vokalharmonie. Substantive auf Konsonant erhalten ein **-ĕ**; bei Substantiven auf Vokal lautet das Suffix **-и** bei gleichzeitigem Verlust des Auslautvokals:

Substantiv	Possessivsuffixe		Kasus	
хĕр		mein	---	Nominativ
сехет		dein	-н	Genitiv
ĕç	-ĕ/(ø)-и	sein/ihr	-не	Dativ
кĕнеке		unser	-не	Akkusativ
çĕpĕ		euer, Ihr	-нче	Lokativ
	-ĕ/(ø)-и	ihr	-нчен	Ablativ

хĕрĕ	сехечĕ	ĕçĕ	кĕнеки	çĕрри	пĕлĕвĕ
ывăлĕ	çурчĕ	юлташĕ	ачи	сасси	çырăвĕ

Der Possessiv der 3. Person von **çын** *Mensch* lautet **çынни** und von **шăллăм** *jüngerer Bruder* **шăллĕ**. Für eine Reihe von Verwandtschaftstermini verwendet das Tschuwaschische eine besondere Form des Possessivsuffixes der 3. Person:

атте	Vater	ашшĕ	sein/ihr Vater
асатте	Vaters Vater	аслашшĕ	sein/ihr Großvater
асанне	Vaters Mutter	асламăшĕ	seine/ihre Großmutter
мучи	Vaters Bruder	мучăшĕ	sein/ihr Onkel
анне	Mutter	амăшĕ	seine/ihre Mutter
кукаçи	Mutters Vater	кукашшĕ	sein/ihr Großvater
кукамай	Mutters Mutter	кукамăшĕ	seine Großmutter
кукка	Mutters Bruder	куккăшĕ	sein Onkel
пичче	älterer Bruder	пиччĕшĕ	sein älterer Bruder
инке	Bruders Frau	инкĕшĕ	seine Schwägerin
аппа	ältere Schwester	аппăшĕ	seine ältere Schwester

Da das Tschuwaschische nicht zwischen dem Possessiv der 3. Personen Singular und Plural unterscheidet, werden zur Differenzierung die entsprechenden Possessivpronomina vorangestellt:

ун(ăн) кĕнеки	sein Buch
вĕсен кĕнеки	ihr (Plur.) Buch
ун(ăн) кĕнекисем	seine Bücher
вĕсен кĕнекисем	ihre (Plur.) Bücher

Bei der Deklination entfällt bei Substantiven auf Konsonant im Dativ/Akkusativ der Vokal des Possessivsuffixes; im Lokativ und Ablativ wird ein **н** eingeschoben und gleichzeitig das **т** des Suffixes zu **ч** (vgl. hierzu die Übersicht über die Possessivdeklination, S. 118 f). Gelegentlich wird der Genitiv des Reflexivpronomens dem Objekt des Satzes vorangestellt (vgl. S. 30):

Аттемĕр (хăйĕн) ялне каять.	Unser Vater fährt in sein Dorf.
Кӳршĕмĕр (хăйĕн) хăнисене кĕтет.	Unser Nachbar wartet auf seine Gäste.
Аннем (хăйĕн) куçлăхне шырать.	Meine Mutter sucht ihre Brille.
Ачусем (хăйсен) пӳлĕмĕнче лараççĕ.	Deine Kinder sitzen in ihrem Zimmer.
Пиччем (хăйĕн) юлташĕсенчен çыру илнĕ.	Mein älterer Bruder hat von seinen Freunden einen Brief bekommen.

10. Die Genitiv-Possessiv-Konstruktion

Soll ein Eigentumsverhältnis zum Ausdruck gebracht werden und ist der Eigentümer eine dritte Person, wird er – wie im Deutschen – in den Genitiv gesetzt. Der Eigentumsgegenstand wird ihm nachgestellt und erhält das Possessivsuffix der 3. Person:

| Ванюкӑн кӗнеки | Wanjuks Buch |

Substantiv	Possessiv	Kasus
хӗр	-(ĕ)м	
	(ø)-ӳ	-(ĕ)н
	-ĕ/(ø)-и	
	-(ĕ)мĕр	
	(ø)-ĕр	
	-ĕ/(ø)-и	

Substantiv	Possessiv	Kasus
сехет		---
кӗнеке		-н
	-ĕ/(ø)-и	-не
		-не
		-нче
		-нчен

| Ванюкӑн çӗнĕ кӗнекине куртӑн-и? | Hast du Wanjuks neues Buch gesehen? |

Эпир аттемĕрĕн ялне каятпӑр.	Wir fahren in das Dorf unseres Vaters.
Эпир кӳршĕмĕрĕн хӑнисене кĕтетпĕр.	Wir warten auf die Gäste unseres Nachbarn.
Эпĕ аннемĕн куçлӑхне шыратӑп.	Ich suche die Brille meiner Mutter.
Эпир ачун пӳлĕмĕнче ларатпӑр.	Wir sitzen im Zimmer deines Kindes.
Пиччĕрĕн юлташĕсенчен çыру илтĕм.	Ich habe von den Freunden eures älteren Bruders einen Brief bekommen.

11. Zusammengesetzte Substantive

Demgegenüber werden zusammengesetzte Substantive wie *Lehrbuch* durch eine sogenannte unvollständige Genitiv-Possessiv-Konstruktion wiedergegeben, das heißt, das erste Substantiv bleibt ohne den Genitiv, das zweite jedoch erhält das Possessivsuffix der 3. Person:

вĕренÿ кĕнеки	Lehrbuch

Ванюкăн çĕнĕ вĕренÿ кĕнекине куртăн-и?	Hast du Wanjuks neues Lehrbuch gesehen?

Gehört ein solcher Begriff (zu) einer bestimmten Person, kann das Possessivsuffix des Grundbegriffs zugunsten der im konkreten Fall erforderlichen Possessivendung entfallen:

Пирĕн çĕнĕ вĕренÿ кĕнекине/ çĕнĕ вĕренÿ кĕнекемĕре куртăн-и?	Hast du unser neues Lehrbuch gesehen?

Geographische Bezeichnungen und Monatsnamen (vgl. S. 38) bilden mit einer näheren Bestimmung ein zusammengesetztes Substantiv. Nationalitätsbezeichnungen wie **чăваш** *tschuwaschisch*, **вырăс** *russisch* und **нимĕç** *deutsch* sind reine Substantive und werden daher mit einem weiteren Substantiv ebenfalls in Form eines zusammengesetzten Substantivs verbunden:

Чăваш Республики	die tschuwaschische Republik
Шупашкар хули	die Stadt Tscheboksary
чăваш чĕлхи	die tschuwaschische Sprache

Шупашкар — Чăваш республикин тĕп хули.	Tscheboksary ist die Hauptstadt der tschuwaschischen Republik.

Daneben gibt es auch Begriffe, die dieser Regel nicht folgen, wenn beispielsweise das erste Substantiv auch als Adjektiv verwendet werden kann:

ылтăн çĕрĕ	ein goldener Ring
чул çурт	ein steinernes Haus

12. Der Ablativus partitivus

In gleicher Häufigkeit wie im Zusammenhang mit dem Genitiv tritt der Possessiv der 3. Person in Verbindung mit dem sogenannten Ablativus partitivus auf, wenn also ein Teil aus einer größeren Menge bezeichnet werden soll:

| Хальхи вăхăтра чăвашсен хисепĕ икĕ миллиона çывхарать. Весенчен çурри Чăваш Респувликинче пурăнать. | Zum gegenwärtigen Zeitpunkt nähert sich die Zahl der Tschuwaschen zwei Millionen. Die Hälfte von ihnen lebt in der tschuwaschischen Republik. |

Wird die Form, die den Ablativ trägt, als bekannt vorausgesetzt, kann sie unerwähnt bleiben; dennoch erhält das auf sie bezogene Wort, sei es Substantiv, Adjektiv oder Zahlwort, das Possessivsuffix der 3. Person:

Шупашкарта темиçе пасар пур. Чи пысăкки хула варринче вырнаçнă.	In Tscheboksary gibt es einige Märkte. Der größte (von ihnen) liegt im Stadtzentrum.
Пирĕн икĕ ача(мăр) пур. Асли шкула çӳрет, кĕçĕнни – садике.	Wir haben zwei Kinder. Das ältere (von ihnen) geht zur Schule, das jüngere in den Kindergarten.
Эпĕ кĕнеке туянтăм; иккĕшне юлташăма патăм.	Ich habe Bücher gekauft; zwei (davon) habe ich meinem Freund gegeben.

II. Das Adjektiv

1. Der Gebrauch des Adjektivs

Das Adjektiv kann als Attribut, als Substantiv, als Prädikatsnomen wie auch als Adverb dienen. Als Attribut steht es unmittelbar vor dem Substantiv, auf das es sich bezieht, und bleibt undekliniert. Das Zahlwort **пӗр** *eins* wird nur gelegentlich als unbestimmter Artikel eingesetzt:

Эпир пысӑк çуртра пурӑнатпӑр.	Wir wohnen in einem großen Haus.
Ӗлӗк пӗр ватӑ çын пулнӑ ...	Es war einmal ein alter Mann ...

Wird das Adjektiv substantivisch gebraucht, kann es dekliniert werden:

Ялта ватӑсем нумай.	Im Dorf gibt es viele Alte.
Эпӗ пӗчӗкрен хулара пурӑнатӑп.	Ich lebe von klein auf in der Stadt.

Häufig wird es – wohl als Teil einer Verbindung mit einem Ablativus partitivus – durch Anfügung des Possessivsuffixes der 3. Person substantiviert. Bei Adjektiven auf Vokal ist die Bildung regelmäßig (vgl. S. 4); bei konsonantisch auslautenden Adjektiven wird der Endkonsonant verdoppelt und es folgt ein **и**:

ватӑ	alt	ватти	der Alte
çамрӑк	jung	çамрӑкки	der Jugendliche

Ваттисен вӗрентес пулать, çамрӑккисен итлес пулать.	Die Alten müssen lehren, die Jungen müssen zuhören.

Als Prädikatsnomen steht das Adjektiv am Satzende:

Пирӗн çурт пысӑк.	Unser Haus ist groß.
Пирӗн асатте ватӑ.	Unser Großvater ist alt.

Die meisten Adjektive können auch als Adverb dienen:

Эпир аван кантăмăр.	Wir haben uns gut erholt.
Çак эрне сисĕнми хăвăрт иртрĕ.	Diese Woche ist unmerklich schnell vergangen.

2. Der Komparativ

Mit Hilfe des Suffixes **-рех** *mehr* wird ein Adjektiv in seiner Bedeutung gesteigert:

пысăк	groß	пысăкрах	größer
пĕчĕк	klein	пĕчĕкрех	kleiner
ăшă	warm	ăшăрах	wärmer
сивĕ	kalt	сивĕрех	kälter
лайăх	gut	лайăхрах	besser

Bei Adjektiven auf **-р** ist das Suffix auf **-терех** erweitert; Adjektive auf **й, л** oder **н** erhalten meist **-терех**, können aber auch **-рех** erhalten:

начар	schlecht	начартарах	schlechter
йывăр	schwer	йывăртарах	schwerer

нумай	viele	нумай(та)рах	mehr
сахал	wenig	сахал(та)рах	weniger
хуллен	langsam	хуллен(те)рех	langsamer

Хуллентерех калăр-ха, тархасшăн.	Sprechen Sie bitte langsamer.

Das vergleichende *als* wird durch den Ablativ des verglichenen Nomens ausgedrückt. Das Suffix **-рех** ist dann entbehrlich, kann aber hinzugesetzt werden:

Пичче манран икĕ çул аслă.	Mein älterer Bruder ist zwei Jahre älter als ich.
Хусан Шупашкартан пысăк(рах).	Kasan ist größer als Tscheboksary.

Die Steigerung lässt sich durch **te, ta** *auch* oder **тата** *noch* verstärken:

Лайăх ят мултан та паха.	Ein guter Name ist noch wertvoller als Reichtum.
Хусан Шупашкартан тата пысăкрах.	Kasan ist noch größer als Tscheboksary.

3. Der Superlativ

Zur Bildung des Superlativs stellt man vor das Adjektiv das Wort **чи** *am meisten, höchst*:

Пирĕн республикăри чи пысăк хула – Шупашкар.	Die größte Stadt in unserer Republik ist Tscheboksary.
Июль чи ăшă уйăх шутланать.	Der Juli gilt als der heißeste Monat.

4. Intensivformen

Ein Adjektiv kann in seiner Bedeutung durch Verdoppelung oder durch Ausdrücke wie **питĕ** *sehr*, **сĕм** *wirklich*, **калама çук** *unsagbar*, **уйрăмах** *außergewöhnlich, besonders*, **тĕлĕнмелле** *erstaunlich*, **шутсăр** *unvorstellbar*, **ытла** *mehr, zu sehr* verstärkt werden:

Эпĕ сана курма питĕ хавас.	Ich bin sehr erfreut, dich zu sehen.
Паян çанталăк уйрăмах сивĕ.	Heute ist das Wetter besonders kalt.
Ытла хăвăрт ан калăр-ха.	Sprechen Sie bitte nicht zu schnell.

Daneben gibt es Intensivformen, die dadurch entstehen, dass man die ersten beiden Buchstaben verdoppelt und ein **п**, in seltenen Fällen auch ein **м** oder **н**, einschiebt; vereinzelt kann bei Adjektiven, deren erste Silbe ein **у** enthält, die Vorsilbe ein **а** erhalten. Die Betonung fällt jeweils auf die Vorsilbe:

хура	schwarz	хуп-хура	tiefschwarz
шурă	weiß	шап-шурă	ganz weiß
хĕрлĕ	rot	хĕп-хĕрлĕ	knallrot
сарă	gelb	сап-сарă	ganz gelb
кăвак	blau	кăн-кăвак	strahlend blau
симĕс	grün	сип-симĕс	kräftig grün

III. Das Adverb

Als Lokaladverbien verwendet das Tschuwaschische **кунта, çакăнта** *hier, hierher,* **çавăнта, унта** *da, dort, dorthin,* **сылтăм енче** *rechts,* **сулахай енче** *links,* **çиелте** *oben,* **аялта** *unten,* **пур çĕрте те** *überall,* **таçта** *irgendwo, irgendwohin,* **ниçта та** (+ Neg.) *nirgends, nirgends hin*:

| Эпĕ кунта пурăнатăп. | Ich wohne hier. |
| Килĕр кунта. | Kommt hierher. |

Sofern sie nicht bereits sowohl einen Lokativ wie auch einen Dativ beinhalten, erhalten sie zur Bezeichnung des Ausgangspunktes bzw. des Ziels einer Bewegung anstelle des Lokativsuffixes das Ablativ- bzw. das Dativsuffix:

| Атăл кунтан аякра мар. | Die Wolga ist nicht weit von hier. |

Die wichtigsten Entsprechungen deutscher Temporaladverbien sind **виçĕм кун** *vorgestern,* **ĕнер** *gestern,* **паян** *heute,* **ыран** *morgen,* **виçмине** *übermorgen,* **кăçал** *dieses Jahr,* **пĕлтĕр** *letztes Jahr,* **халĕ, халь** *jetzt, gleich,* **нумаях пулмасть** *kürzlich, unlängst,* **хăш чухне, хушăран** *manchmal,* **час-часах, тăтăшах** *oft,* **сайраран** *selten,* **часах** *bald,* **сасартăк** *plötzlich,* **ялан** *immer,* **тахçан** *irgendwann,* **нихçан та** (+ Neg.) *niemals*:

| Ăçта эпир халĕ? | Wo sind wir gerade? |
| Хăнасем халиччен килмен. | Die Gäste sind bis jetzt nicht gekommen. |

Als Modaladverbien dienen **апла, çапла** *so,* **шел** *schade, leider,* **тен** *vielleicht,* **хаваспах** *gerne, mit Vergnügen,* **сая, сăлтавсăр** *vergebens*:

| Сирĕн йыхрава хаваспах йышанатпăр. | Wir nehmen Ihre Einladung gerne an. |
| Шел, эсир чĕннĕ çĕре пыраймастăп. | Leider kann ich nicht an den Ort kommen, zu dem Sie eingeladen haben = leider kann ich ihrer Einladung nicht folgen. |

IV. Pronomina

1. Demonstrativpronomina

Das Tschuwaschische besitzt folgende Demonstrativpronomina:

ку	dieser	in unmittelbarer Nähe
çак(ă)	dieser hier	in der Nähe und bereits erwähnt
çав(ă)	dieser dort	weiter entfernt
леш(ĕ)	jener dort	weit entfernt, sichtbar oder auch nicht sichtbar
хайхи	jener besagte	räumlich und zeitlich entfernt und bereits erwähnt

Attributiv vor ein Substantiv gestellt, bleiben auch sie undekliniert:

| Çак сăмаха тепĕр хут калăр-ха. | Bitte sagen Sie das Wort noch einmal. |

Bilden sie als Substantive das Subjekt eines Satzes, werden sie durch einen Gedankenstrich vom Rest des Satzes abgehoben, um sie von ihrem Gebrauch als Attribut zu unterscheiden:

| Ку мĕн? | Was ist das? |
| Ку – кĕнеке. | Das ist ein Buch. |

Bei der Deklination wird im Lokativ und Ablativ ein **н** eingeschoben:

ку	çакă	çавă	лешĕ	хайхи
кун	çакăн	çавăн	лешĕн	хайхин
куна	çакна	çавна	лешне	хайхине
кунра	çакăнта	çавăнта	лешĕнче	хайхинче
кунран	çакăнтан	çавăнтан	лешĕнчен	хайхинчен

| Çакна тепĕр хут калăр-ха. | Bitte sagen Sie das noch einmal. |

2. Personalpronomina

Die tschuwaschischen Personalpronomina lauten:

эпĕ ich	эсĕ du	вăл er, sie
эпир wir	эсир ihr, Sie	вĕсем sie

Als Grundlage für die Deklination dient die verkürzte Form des Genitivs:

эпĕ	эсĕ	вăл
ман(ăн)	сан(ăн)	ун(ăн)
мана	сана	ăна
манра	санра	унра
манран	санран	унран

эпир	эсир	вĕсем
пирĕн	сирĕн	вĕсен
пире	сире	вĕсене
пир(ĕн)те	сир(ĕн)те	вĕсенче
пир(ĕн)тен	сир(ĕн)тен	вĕсенчен

Im Nominativ dienen die Personalpronomina der Bezeichnung der einzelnen Personen des Hilfsverbs *sein* im Präsens (vgl. S. 49) sowie im Zusammenhang mit finit gebrauchten Partizipien (vgl. S. 52):

Эпĕ вĕренекен.	Ich bin ein Lernender/ ich bin Schüler.

Erfolgt die Bezeichnung des Subjekts durch Personalendungen, sind die Personalpronomina an und für sich überflüssig. Dennoch werden sie in der Umgangssprache meist zusätzlich an den Satzanfang gestellt:

(Эсир) мана ăнланатăр-и?	Verstehen Sie mich?
(Эпĕ) сире аван ăнланатăп.	Ich verstehe Sie gut.

Ein formales Subjekt *es* verwendet das Tschuwaschische nicht:

Çумăр çăвать.	Der Regen regnet = es regnet.

3. Possessivpronomina

Wie beim Substantiv dient auch der Genitiv der Personalpronomina als Prädikatsnomen, um *gehören* zum Ausdruck zu bringen (vgl. S. 13):

Ку çурт сирĕн-и?	Ist dieses Haus Ihres/ gehört Ihnen dieses Haus?
Ку çурт пирĕн мар.	Dieses Haus ist nicht unseres/ dieses Haus gehört uns nicht.

Danach entsprechen die Genitive der Personalpronomina deutschen Possessivpronomina. Zwar besitzt das Tschuwaschische Possessivsuffixe (vgl. S. 16), doch werden vor allem in der gesprochenen Sprache die Possessivsuffixe der 1. und 2. Personen durch die entsprechenden Possessivpronomina ersetzt:

Пирĕн ял хуларан аякра мар.	Unser Dorf ist nicht weit von der Stadt entfernt.
Сирĕн яла автобус çӳрет-и?	Fährt in euer Dorf ein Bus?

Das Tschuwaschische besitzt kein Verb, das dem deutschen Verb *haben* entspricht. Um anzuzeigen, dass man etwas hat, das (zu) einem gehört, wird der Possessiv in Verbindung mit **пур** *vorhanden* bzw. **çук** *nicht vorhanden* verwendet:

Сан(ăн) кĕнекӳ пур-и?	Ist dein Buch vorhanden = hast du ein Buch?
Ман(ăн) кĕнекем пур.	Mein Buch ist vorhanden = ich habe ein Buch.

Um auszudrücken, dass man etwas (bei sich) hat, das zu einer anderen Person gehört, wird der Lokativ als Prädikatsnomen eingesetzt:

Ман(ăн) кĕнекем санра-и?	Ist mein Buch bei dir = hast du mein Buch?
Çапла, сан(ăн) кĕнекӳ манра.	Ja, dein Buch ist bei mir = ich habe dein Buch.

Hat man eine Sache bei sich, wird dies durch den Genitiv oder Lokativ, diesmal verbunden mit **пур** *vorhanden* bzw. **çук** *nicht vorhanden*, zum Ausdruck gebracht:

Санăн/санпа пĕрле кĕнеке пур-и?	Befindet sich mit dir ein Buch = hast du ein Buch dabei?
Манăн/манпа пĕрле кĕнеке çук.	Mit mir befindet sich kein Buch = ich habe kein Buch dabei.

4. Reflexivpronomina

Die tschuwaschischen Reflexivpronomina lauten:

хам	ich selbst	ху	du selbst	хăй	er/sie selbst
хамăр	wir selbst	хăвăр	ihr selbst	хăйсем	sie selbst

Эпĕ ку йывăçа хам лартнă.	Ich habe diesen Baum selbst gepflanzt (wörtl.: gesetzt).

Die Deklination lautet wie folgt:

хам	ху	хăй
хамăн	хăвăн	хăйĕн
хама	хăвна	хăйне
хамра	хăвăнта	хăйĕнче
хамран	хăвăнтан	хăйĕнчен

хамăр	хăвăр	хăйсем
хамăрăн	хăвăрăн	хăйсен
хамăра	хăвăра	хăйсене
хамăрта	хăвăрта	хăйсенче
хамăртан	хăвăртан	хăйсенчен

Хăвăра паян мĕнле туятăр?	Wie fühlen Sie sich heute?
Хама лайăх туятăп.	Ich fühle mich wohl.
Çула кайма тухсан, юлташу хăвăнтан лайăхрах пултăр.	Wenn du dich auf den Weg machst, möge dein Weggefährte besser sein als du selbst.

Häufig dient das Reflexivpronomen auch als verstärktes Personal- bzw. Possessivpronomen (vgl. S. 19):

| Хам хулара пурӑнатӑп. | Ich (persönlich) lebe in der Stadt. |
| Хӑвӑрӑн адреса парсамӑр. | Geben Sie bitte Ihre Adresse an. |

Attributiv und damit nicht mehr deklinierbar vor ein Substantiv gestellt, entsprechen die Reflexivpronomina dem Deutschen *eigen*:

| Эпир хамӑр çуртра пурӑнатпӑр. | Wir wohnen in unserem eigenen Haus. |
| Эпĕ ӑна хӑйне, ак сире курнӑ пек, хам куçпа курнӑ. | Ich habe ihn persönlich, so wie ich euch sehe, mit eigenen Augen gesehen. |

Bei doppelter Anwendung entsteht die Bedeutung *sich selbst*:

| Пирĕн асатте хӑйпе хӑй калаçать. | Unser Großvater spricht mit sich selbst. |
| Ырӑ ĕç хӑйне хӑй мухтать. | Eine gute Arbeit spricht für sich (wörtl.: lobt sich) selbst. |

5. Das reziproke Pronomen

Das Tschuwaschische reziproke Pronomen lautet **пĕр-пĕри**, das in dieser Form für alle Personen einheitlich dekliniert wird:

Эпир пĕр-пĕрне юратпӑр.	Wir lieben einander.
Эсир пĕр-пĕрне паллатӑр-и?	Kennt ihr euch?
Ачасем пĕр-пĕрне пулӑшаççĕ.	Die Kinder helfen einander.

Каçсерен эпир пĕр-пĕрин патĕнче тĕл пулатпӑр.	Wir treffen uns jeden Abend.
Пĕр-пĕрин патне хӑнана çӳретпĕр.	Wir besuchen uns gegenseitig.
Пĕр-пĕринпе чӑвашла калаçатпӑр.	Wir sprechen Tchuwaschisch miteinander.

6. Indefinitpronomina

Anstelle des deutschen Indefinitpronomens *man* verwendet das Tschuwaschische das Aktiv in der 3. Person Plural oder eine Infinitivkonstruktion:

Куна чăвашла мĕн теççĕ?	Was sagt man dazu auf Tschuwaschisch?
Куна чăвашла пÿлĕм теççĕ.	Dazu sagt man auf Tschuwaschisch пÿлĕм (Zimmer).
Чăвашла кĕнекесем ăçта туянма пулать?	Wo kann man tschuwaschische Bücher kaufen?
Кĕме юрать-и?	Darf man eintreten?

Als bejahte Indefinitpronomina *jemand* und *etwas* dienen neben **кам-та пулин** *wer es auch sei* und **мĕн-те пулин** *was es auch sei* die Bildungen **такам** und **темĕн/тем**. Die verneinten Entsprechungen *niemand* und *nichts* lauten **никам (та)** und **нимĕн/ним (те)**; in ihrem Fall wird das Prädikat des Satzes verneint:

Такам алăка шаккать.	Es klopft jemand an die Tür.
Кунта никам та çук.	Hier ist niemand.
Эпĕ никама та курмастăп.	Ich sehe niemanden.

Çамрăккисем тем çинчен хуллен калаçрĕç.	Die jungen Leute haben leise über etwas gesprochen.
Пире нимĕн те каламарĕç.	Sie haben uns nichts gesagt.

7. Interrogativpronomina

Die wichtigsten Interrogativpronomina sind **кам** *wer*, **мĕн** *was* und **хăш(ĕ)** *welcher*.

Кам wird regelmäßig dekliniert: **камсем** *wer alles*, **камăн** *wessen*, **кама** *wem, wen*, **камра** *bei wem*, **камран** *von wem*, **кампа** *mit wem*, **камшăн** *für wen*.

Auf **мĕн** basieren **мĕнсем** *was alles*, **мĕнĕн** *welcher Sache*, **мĕне** *wozu, wonach, weshalb, wofür, was*, **мĕнре** *worin*, **мĕнрен** *woraus, wodurch*, **мĕнпе** *womit*, **мĕнле** *wie (geartet)*, **мĕншĕн**, **мĕн пирки** *warum, weshalb*, **миçе** *wie viele*, **миçен** *zu wievielt*, **миçемĕш** *der wievielte*.

Auf **xă-** basieren **xăш(ĕ)** *welcher*, **xăçан** *wann*, **xăçантанпа** *seit wann*, **xăçанччен** *bis wann*.
Weitere Fragepronomina sind **ăçта** *wo, wohin*, **ăçталла** *in welche Richtung*, **ăçтан** *woher*.

Die Wortfolge ist im Tschuwaschischen bei Fragesätzen und Aussagesätzen die gleiche, das heißt, das Fragepronomen steht nicht wie im Deutschen grundsätzlich am Satzanfang; es erhält jedoch die **Betonung** innerhalb eines Satzes:

Эсир мĕн ятлă?	Wie sind Sie benannt/wie heißen Sie?
Эпĕ Ванюк ятлă.	Ich heiße Wanjuk.

Пире çăкăр кирлĕ.	Wir brauchen Brot.
Сире мĕн кирлĕ?	Was braucht ihr?

Ку автобус Канаша каять.	Dieser Bus fährt nach Kanasch.
Ку автобус ăçта каять?	Wohin fährt dieser Bus?

Пирĕн семьере тăватă çын.	In unserer Familie sind vier Personen.
Сирĕн семьере миçе çын?	Wie viele Personen sind in Ihrer Familie?

8. Fragepartikeln

Für Fragen, die mit *ja* oder *nein* beantwortet werden, verwendet das Tschuwaschische Partikeln, mit deren Hilfe jeder Aussagesatz zu einem Fragesatz wird. Die am häufigsten verwendete Fragepartikel ist **-и**; Unsicherheit oder Ratlosigkeit wird durch **-ши**, Ungläubigkeit durch **-им** zum Ausdruck gebracht. Bei Einsatz der Fragepartikeln liegt die Betonung auf der ihnen jeweils unmittelbar vorausgehenden Silbe:

Чăвашла пĕлетĕр-и?	Können Sie Tschuwaschisch?
Сиртен ыйтма юрать-ши?	Dürfte man Sie etwas fragen?
Сан юлташусем çук-им?	Hast du denn keine Freunde?

Durch die Fragepartikel **-ши** kann eine bereits bestehende Frage zusätzlich verstärkt werden:

Музей ăçта-ши?	Wo ist denn das Museum?
Эсир кам пулатăр-ши?	Wer sind Sie denn?

Durch mehrfachen Einsatz der Fragepartikel werden Alternativfragen zum Ausdruck gebracht; eine Konjunktion *oder* ist in diesem Zusammenhang entbehrlich:

Çут çанталак сире хăçан ытларах килĕшет – çулла-и, хĕлле-и, е çуркунне?	Wann gefällt Ihnen die Natur besser, im Sommer, im Winter oder im Frühling?
Эсир ăçта пурăнатăр, хулара-и (е) ялта-и?	Wo leben Sie, in der Stadt oder im Dorf?
Пиччĕрĕн ачисем пысăк-и, пĕчĕк-и?	Sind die Kinder Ihres älteren Bruders groß oder klein?

V. Die Zahlen

1. Die Kardinalzahlen

Die tschuwaschischen Zahlwörter lauten:

1	пӗрре	10	вуннӑ	100	çӗр	1.000	пин
2	иккӗ	20	çирӗм	200	ик çӗр	2.000	икӗ пин
3	виççӗ	30	вӑтӑр	300	виç çӗр	3.000	виçӗ пин
4	тӑваттӑ	40	хӗрӗх	400	тӑват çӗр	4.000	тӑватӑ пин
5	пиллӗк	50	аллӑ	500	пилӗк çӗр	5.000	пилӗк пин
6	улттӑ	60	утмӑл	600	улт çӗр	6.000	ултӑ пин
7	çиччӗ	70	çитмӗл	700	çич çӗр	7.000	çичӗ пин
8	саккӑр	80	сакӑрвуннӑ	800	сакӑр çӗр	8.000	сакӑр пин
9	тӑххӑр	90	тӑхӑрвуннӑ	900	тӑхӑр çӗр	9.000	тӑхӑр пин

Zusammengesetzte Zahlen werden durch Hintereinanderstellung von Tausender-, Hunderter-, Zehner- und Einerzahlen gebildet; nach Tausenderzahlen wird ein **те** *und* eingefügt. Innerhalb der Zusammensetzungen erscheinen die Zahlen in gekürzter Form, das heißt, die Zahlen von 1 bis 10 sowie 50, 80 und 90 verlieren ihre Doppelkonsonanz; bei Zahlwörtern, die auf Vokal enden, kann zudem der Endvokal entfallen:

22	çирӗм иккӗ
222	ик çӗр çирӗм иккӗ
2.222	икӗ пин те ик çӗр çирӗм иккӗ
22.222	çирӗм икӗ пин те ик çӗр çирӗм иккӗ

Die Zahlen werden einerseits, ebenfalls in ihrer verkürzten Form, attributiv vor ein Substantiv gestellt:

Манӑн икӗ хӗр те пӗр ывӑл пур.	Ich habe zwei Töchter und einen Sohn.

Andererseits treten sie auch als Substantive, diesmal in ihrer vollen Form, auf:

Тăваттă та тăваттă саккăр пулать.	Vier und vier sind acht.

Als Substantive zur Bezeichnung einer Anzahl von Personen erhalten sie Possessivsuffixe. Bei den Zahlen von *zwei* bis *sieben* geht den Possessivsuffixen der 1. und 2. Personen jeweils ein **-с** voraus; in der 3. Person weisen die Zahlen das gleiche Possessivsuffix auf wie die auf S. 18 vorgestellten Verwandtschaftstermini. Zahlen über *sieben* treten nur noch mit dem Possessivsuffix der 3. Person auf. *Einer (von ihnen)* lautet **пĕри**:

иксĕмĕр	wir beide	иксĕр	ihr beide	иккĕшĕ	sie beide
виççĕмĕр	wir drei	виççĕр	ihr drei	виççĕшĕ	sie drei
тăватсăмăр	wir vier	тăватсăр	ihr vier	тăваттăшĕ	sie vier
пилĕксĕмĕр	wir fünf	пилĕксĕр	ihr fünf	пиллĕкĕшĕ	sie fünf
ултсăмăр	wir sechs	ултсăр	ihr sechs	улттăшĕ	sie sechs
çичсĕмĕр	wir sieben	çичсĕр	ihr sieben	çиччĕшĕ	sie sieben

Чăваш çĕршывĕ урлă икĕ пысăк юхан шыв юхса иртет – пĕри Атăл, тепри Сăр.	Durch das Land der Tschuwaschen fließen zwei Flüsse – der eine ist die Wolga, der andere ist die Sura.

Аттепе иксĕмĕр пасара кайрăмăр.	Mein Vater (und ich) sind beide auf den Markt gegangen.
Манăн икĕ шăллăм пур; иккĕшĕ шкулта вĕренеççĕ.	Ich habe zwei jüngere Brüder; beide gehen zur Schule (wörtl.: beide lernen in der Schule).

Adverbial verwendet erhalten die Zahlen die Bedeutung von Multiplikativzahlen:

Сана виççĕ каларăм.	Ich habe es dir dreimal gesagt.
Сиччĕ виç те пĕрре кас.	Miss siebenmal und schneide einmal.
Эпĕ Хусана иккĕ кайса килтĕм.	Ich war zweimal in Kasan.
Икĕ эрнере пĕрре яла каятпăр.	Wir fahren alle zwei Wochen einmal ins Dorf.

2. Kollektivzahlen

Die Bildung von Kollektivzahlen erfolgt durch Anfügung des Suffixes **-(ĕ)н** (vgl. S. 109); *alleine* lautet **пĕччен**:

Эсир миçен пурăнатăр?	Zu wievielt leben Sie?
Эпĕ пĕччен пурăнатăп.	Ich lebe alleine.
Эпир пиллĕкĕн пурăнатпăр.	Wir leben zu fünft.

3. Ordinalzahlen

Zur Bildung von Ordinalzahlen tritt an die Zahlwörter das Suffix **-мĕш**, das nicht der Vokalharmonie unterliegt:

пĕрремĕш	der/die erste	улттăмĕш	der/die sechste
иккĕмĕш	der/die zweite	çиччĕмĕш	der/die siebte
виççĕмĕш	der/die dritte	саккăрмĕш	der/die achte
тăваттăмĕш	der/die vierte	тăххăрмĕш	der/die neunte
пиллĕкмĕш	der/die fünfte	вуннăмĕш	der/die zehnte

Сирĕн хваттер миçемĕш хутра?	Im wievielten Stock ist Ihre Wohnung?
Пирĕн хваттер виççĕмĕш хутра.	Unsere Wohnung ist im dritten Stock.

4. Das Datum

Die tschuwaschischen Namen der Wochentage lauten:

тунтикун	Montag	эрнекун	Freitag
ытларикун	Dienstag	шăматкун	Samstag
юнкун	Mittwoch	вырсарникун	Sonntag
кĕçнерникун	Donnerstag		

Паян мĕн/хăш кун?	Was für ein/welcher Tag ist heute?
Паян тунтикун.	Heute ist Montag.

Auch für die Monatsnamen besitzt das Tschuwaschische eigene Begriffe, neben denen aber auch die russischen Bezeichnungen verwendet werden:

кăрлач уйăхĕ	январь	Januar	утă уйăхĕ	июль	Juli
кĕçĕн кăрлач	февраль	Februar	çурла уйăхĕ	август	August
пуш уйăхĕ	март	März	авăн уйăхĕ	сентябрь	September
ака уйăхĕ	апрель	April	юпа уйăхĕ	октябрь	Oktober
çу уйăхĕ	май	Mai	чӳк уйăхĕ	ноябрь	November
çĕртме уйăхĕ	июнь	Juni	раштав уйăхĕ	декабрь	Dezember

Zur Wiedergabe des Monatsdatums wird der Monatsname mit der Ordinalzahl zu einer Genitiv-Possessiv-Konstruktion verbunden:

Паян уйăхăн миçемĕшĕ?	Der Wievielte des Monats ist heute?
Паян уйăхăн пиллĕкмĕшĕ.	Heute ist der fünfte des Monats.
Паян çу уйăхĕн пиллĕкмĕшĕ.	Heute ist der fünfte Mai.

Auch die Jahreszahlen werden als Ordinalzahlen wiedergegeben:

Эсĕ миçемĕш çулта çуралнă?	In welchem Jahr bist du geboren?
Эпĕ пин те тăхăрçĕр çитмĕл çиччĕмĕш çулта çуралнă.	Ich bin im Jahre 1977 geboren.
Эпĕ 1977-мĕш çулхи çу уйăхĕн пиллĕкмĕшĕнчĕ çуралнă.	Ich bin am fünften Mai im Jahre 1977 geboren.

Eine volle Datums- und Zeitangabe lautet:

Паян хăш числа?	Welches Datum ist heute?
Паян тунтикун, 2014-мĕш çулхи çу уйăхĕн пиллĕкмĕшĕ, каçхине çичĕ сехет.	Heute ist Montag, der 5. Mai im Jahre 2014, abends sieben Uhr.

5. Die Uhrzeit

Das Wort **сехет** bedeutet sowohl *Uhr* als auch *Stunde*:

| Автобус Шупашкара виçě сехет каять. | Der Bus fährt drei Stunden bis Tscheboksary. |

Die Uhrzeiten werden wie folgt angegeben:

Халě миçе сехет?		Wie viel Uhr ist es jetzt?
2:00	Икě сехет.	Es ist zwei Uhr.
2:15	Икě сехет те вунпилěк минут.	Es ist zwei Uhr und fünfzehn Minuten.
	Иккě иртни вунпилěк минут.	Es ist fünfzehn Minuten nach zwei.
2:30	Икě сехет те вăтăр минут.	Es ist zwei Uhr und dreißig Minuten.
	Икě сехет çурă.	Es ist zweieinhalb Uhr.
2:45	Икě сехет те хěрěх пилěк минут.	Es ist zwei Uhr und 45 Minuten.
	Виçě сехет çитесси вунпилěк минут.	Es sind fünfzehn Minuten bis drei Uhr.
3:00	(Шăп) виçě сехет.	Es ist (genau) drei Uhr.

Das Lokativsuffix übernimmt die Funktion der deutschen Präposition *um*:

Эсир миçе сехетре килетěр?		Um wie viel Uhr kommt ihr?
2:00	Икě сехетре.	Um zwei Uhr.
2:15	Икě сехет те вунпилěк минутра .	Um zwei Uhr und fünfzehn Minuten.
	Иккě иртни вунпилěк минутра.	Um fünfzehn Minuten nach zwei.
2:30	Икě сехет те вăтăр минутра.	Um zwei Uhr und dreißig Minuten.
	Икě сехет çурăпа.	Um zweieinhalb Uhr.
2:45	Икě сехет те хěрěх пилěк минутра.	Um zwei Uhr und 45 Minuten.
	Виçě сехет çитесси вунпилěк минутра.	Um fünfzehn Minuten bis drei Uhr.
3:00	Виçě сехетре.	Um drei Uhr.

Weitere Zeitangaben sind:

7:00	ирхине çичĕ сехет	sieben Uhr morgens
12:00	кăнтăрла вуникĕ сехет	zwölf Uhr mittags
19:00	каçхине çичĕ сехет	sieben Uhr abends
24:00	çĕрле вуникĕ сехет	zwölf Uhr nachts

Zur Wiedergabe der Zeitangaben *von* und *bis* verwendet das Tschuwaschische Postpositionen (vgl. S. 44, 48):

Эпĕ икĕ сехетрен пуçласаултă сехетчен ĕçлерĕм.	Ich habe von zwei bis sechs Uhr gearbeitet.

6. Das Alter

Zur Angabe des Alters dient der Lokativ:

Эсĕ миçе çулта/ эсĕ миçере?	Wie alt bist du?
Эпĕ çирĕм виçĕ çулта/ эпĕ çирĕм виççĕре.	Ich bin dreiundzwanzig Jahre alt.

7. Bruchzahlen

Bruchzahlen werden im Tschuwaschischen unter Zuhilfenahme der Ordinalzahlen gebildet; daneben existiert noch eine ältere Ausdrucksweise mit **пай** *Teil*:

2/3	иккĕ виççĕмĕш	zwei Drittel
	виçĕ пайĕнчен икĕ пайĕ	von drei Teilen zwei Teile

Für Prozentangaben verwendet das Tschuwaschische das Substantiv **процент**:

Пирĕн республирăри халăхăн ытларах пайĕ – 68 процента яхăн – чăвашсем.	Der überwiegende Teil der Bevölkerung in unserem Land – an die 68 Prozent – sind Tschuwaschen.

Zur Wiedergabe von *halb* dient **çyp**; geht eine volle Zahl voraus, wird **çypă** *Hälfte* verwendet:

| Çyp çул иртнĕ. | Es ist ein halbes Jahr vergangen. |
| Икĕ çул çypă иртнĕ. | Es sind zweieinhalb Jahre vergangen. |

8. Distributivzahlen

Distributivzahlen werden gebildet, indem man an die Kurzformen der Zahlwörter jeweils das Suffix **-(ш)ер** anfügt:

пĕрер	je eins	ултшар	je sechs
икшер	je zwei	çичшер	je sieben
виçшер	je drei	вăтăршар	je acht
тăватшар	je vier	тăхăршар	je neun
пилĕкшер	je fünf	вуншар	je zehn

Das Distributivsuffix kann statt an das Zahlwort auch an das ihm folgende Substantiv angefügt werden:

| Кашни ачана пĕрер улма патăм/ кашни ачана улмашар патăм. | Ich habe jedem Kind einen Apfel gegeben. |
| Юман вăрах ÿсет, малтанхи çулсенче вăл 10-15 сантиметршар кăна çĕкленет. | Die Eiche wächst langsam; in den ersten Jahren wird sie nur um jeweils 10 bis 15 cm höher. |

Bei Hunderter- und Tausenderzahlen wird das Distributivsuffix vorzugsweise an die erste Einheit angefügt:

икшер çĕр	je zweihundert	икшер пин	je zweitausend
виçшер çĕр	je dreihundert	виçшер пин	je dreitausend
тăватшар çĕр	je vierhundert	тăватшар пин	je viertausend

VI. Postpositionen

1. Postpositionen mit dem Nominativ

Die sogenannten Verhältniswörter werden in den Turksprachen hinter das Nomen gestellt. Was in anderen Sprachen als **Prä**positionen bezeichnet wird, sind hier demnach **Post**positionen. Einige von ihnen sind im Tschuwaschischen zu Suffixen geworden. Bei folgenden Postpositionen bleibt das Substantiv in seiner Grundform:

валли *für*:
Bei dieser Postposition kann das Objekt auch im Dativ stehen:

Атте(не) валли парне туянтăм.	Ich habe für meinen Vater ein Geschenk gekauft.

витĕр *durch ... hindurch*:

Эпир вăрман витĕр тухрăмăр.	Wir sind durch den Wald gegangen.
Усал умĕнче алăка хупсап вăл чÿрече витĕр кĕме пăхать.	Wenn man vor dem Übel die Türe verschließt, versucht es, durchs Fenster hereinzukommen.

-пе *mit*:

Эпĕ поездпа килтĕм.	Ich bin mit dem Zug gekommen.
Юлташсемпе театра каятпăр.	Wir gehen mit Freunden ins Theater.

Mit Hilfe der Postposition **-пе** werden des Weiteren die Wegstrecke, das Mittel, die Ursache sowie der Zeitpunkt wiedergegeben:

Такăр çулпа утма çăмăл.	Es ist leicht, auf geradem Wege zu gehen.
Телефонпа калаçрăмăр.	Wir haben uns telefonisch unterhalten.

Эпĕ машина шавĕпе вăрантăм.	Ich bin wegen des Autolärms aufgewacht.
Эпĕ ирпе ирех тăтăм.	Ich bin am Morgen früh aufgestanden.
Ман пата каярахпа шăнкăравлăр.	Rufen Sie mich später an.

пек *(genau) wie*:

Юлташсăр çын тымарсăр йывăç пек.	Ein Mensch ohne Freunde ist wie ein Baum ohne Wurzeln.

пирки *wegen, über*:

Мĕн пирки тавлашатăр эсир?	Weshalb streitet ihr?
Калаçу çĕнĕ фильм пирки пычĕ.	Das Gespräch ging über den neuen Film.

-серен *jeder, jede*:
Dieses Suffix unterliegt nicht der Vokalharmonie:

Ирсерен гимнастика тăватăп.	Ich mache jeden Morgen Gymnastik.
Каçсерен кинона çÿретпĕр.	Wir gehen jeden Abend ins Kino.

таврa *um ... herum*:

Çĕр хĕвел тавра çаврăнать.	Die Erde dreht sich um die Sonne.
Çурт тавра йывăç лартрăмăр.	Wir haben um das Haus herum Bäume gepflanzt.

таран *bis zu ...* (räumlich und zeitlich):

Юман 1000 çул таран е ытларах та пурăнма пултарать.	Eine Eiche kann bis zu tausend Jahre und länger leben.

тăрăх *entlang, gemäß, entsprechend, zufolge*:

Ачасем ку урам тăрăх чупса кайрĕç.	Die Kinder sind diese Straße entlang gelaufen.

| Атăл тăрăх кăнтăралла Тутарстан Республики вырнаçнă. | Entlang der Wolga in Richtung Süden liegt die Republik Tatarstan. |
| Сирĕн çак счёт тăрăх тÿлес пулать. | Sie müssen entsprechend dieser Rechnung bezahlen. |

урлă *über ... hinüber, jenseits*:

| Асасем кĕпер урлă каçса пынă. | Die Kinder sind über die Brücke hinübergegangen. |
| Хула урлă самолет вĕçсе иртрĕ. | Ein Flugzeug ist über die Stadt geflogen. |

-ччен, nach stimmlosen Konsonanten **-чен**, *bis* (zeitlich):
Auch dieses Suffix unterliegt nicht der Vokalharmonie:

| Каçчен ĕçлерĕмĕр. | Wir haben bis zum Abend gearbeitet. |
| Ирччен вуларăм. | Ich habe bis zum Morgen gelesen. |

-шĕн *für, wegen*:

| Интереслĕ экскурсишĕн тавтапуç сире. | Danke Ihnen für die interessante Exkursion |
| Сирĕн сывлăхăршăн. | Auf eure Gesundheit. |

Während Substantive bei diesen Postpositionen in ihrer Grundform bleiben, stehen

die Personalpronomina **эпĕ, эсĕ, вăл, эпир, эсир**
sowie die Demonstrativpronomina **ку, çак** und **çав**

im **Genitiv**. Ausgenommen bleiben Formen, die das Pluralsuffix tragen:

Сан валли парне туянтăм.	Ich habe ein Geschenk für dich gekauft.
Эсир пирĕнпе театра пыратăр-и?	Geht ihr mit uns ins Theater?
Сирĕн пек пулас килет.	Ich möchte so werden wie ihr.
Кун пирки эпĕ нимĕн те калама пултараймастăп.	Ich kann darüber/dazu nichts sagen.

2. Postpositionen mit dem Genitiv

Als Entsprechung deutscher Präpositionen mit lokaler Bedeutung wie *vor, hinter, neben* etc. verwendet das Tschuwaschische Substantive. Auch hier werden in den 1. und 2. Personen die Possessivpronomina den Possessivsuffixen vorgezogen; ebenso fehlt in den 3. Personen meist das Genitivsuffix des vorausgehenden Substantivs:

пат *Angesicht, bei*:

Паян пирĕн пата хăнасем килеççĕ.	Heute kommen Gäste zu uns.
Сирĕн патра мĕнле йывăçсем ӳсеççĕ?	Was für Bäume wachsen bei euch?

Почтамт патне мĕнле каймалла?	Wie kommt man zum Postamt?
Ванюка телефон патне чĕнĕр-ха.	Rufen Sie bitte Wanjuk ans Telefon.
Телефон патĕнчен ан кайăр-ха.	Gehen Sie bitte nicht vom Telefon weg.
Машина шкул патĕнчен иртсе кайрĕ.	Das Auto ist an der Schule vorbeigefahren.

çи *Oberseite, auf*; **ай** *Unterseite, unter*:

Кĕнекене сĕтел çине хутăм.	Ich habe das Buch auf den Tisch gelegt.
Кĕнеке сĕтел çинче выртать.	Das Buch liegt auf dem Tisch.
Кĕнекене сĕтел çинчен илтĕм.	Ich habe das Buch vom Tisch genommen.
Кĕнеке сĕтел айне ӳкрĕ.	Das Buch ist unter den Tisch gefallen.

Die Form **çинчен** hat auch die Bedeutung *betreffend, über*:

Эпĕ сирĕн çинчен нумай илтнĕ.	Ich habe viel über Sie gehört.
Эсĕ мĕн çинчен шухăшлатăн?	Worüber denkst du nach?
Авланасси (m.) / качча каясси (f.) çинчен шухăшлатăп.	Ich denke darüber nach, zu heiraten.

ум *Vorderseite, vor*; **хыҫ** *Rückseite, hinter*:

| Машина ҫурт умĕнче ларать. | Das Auto steht (wörtl.: sitzt) vor dem Haus. |
| Машина ҫурт хыҫĕнче ларать. | Das Auto steht (wörtl.: sitzt) hinter dem Haus. |

Die adverbialen Formen **умĕн** und **хыҫҫăн** werden auch in der Bedeutung (zeitlich) *vor* und *nach* verwendet:

| Эпир уяв умĕн сирĕн пата килетпĕр. | Wir werden vor dem Fest zu euch kommen. |
| Уяв хыҫҫăн яла таврăнатпăр. | Nach dem Fest kehren wir ins Dorf zurück. |

ҫум *Seite, zu, an, bei*:

| Эпир сирĕн ял ҫумĕнчен иртсе кайрăмăр. | Wir sind bei eurem Dorf vorbeigekommen. |

хĕрĕ *Rand, neben*:

| Шупашкар Атăл хĕрринче ларать. | Tscheboksary liegt (wörtl.: sitzt) an der Wolga. |

хушă *Zwischenraum, zwischen, unter*, (zeitlich) *innerhalb*

| Пĕр ҫул хушшинче чăвашла калаҫма вĕренсе ҫитрĕмĕр. | Innerhalb eines Jahres haben wir gelernt, Tschuwaschisch zu sprechen. |
| Чăваш Республики икĕ юхан шыв хушшинче вырнаҫнă. | Die tschuwaschische Republik ist zwischen zwei Flüssen gelegen. |

Gehen zwei Substantive voraus, wird das sie verbindende *und* durch **-пе** ausgedrückt:

| Чăваш Республики Сăрпа Сĕве хушшинче вырнаҫнă. | Die tschuwaschische Republik ist zwischen (den Flüssen) Sura und Swijaga gelegen. |

3. Postpositionen mit dem Dativ

кура *hinsichtlich, gemäß, entsprechend*:

| Тӳшекне кура уруна тӑс. | Strecke deine Füße der Bettdecke entsprechend aus. |

пӑхмасӑрах *ungeachtet, trotz*:

| Çанталӑк сиввине пӑхмасӑрах ачасем урамра выляççĕ. | Die Kinder spielen ungeachtet der Kälte (des Wetters) auf der Straße. |

пула *wegen, infolge*:

| Шартлама сивве пула ачасем шкула кайма́рĕç. | Infolge der grimmigen Kälte sind die Kinder nicht zur Schule gegangen. |

çити *bis*:

| Мана киле çити ӑсатса ярсамӑр. | Geleiten Sie mich bitte bis nach Hause. |

хирĕç *entgegen, gegen*:

| Хĕле хирĕç кайӑксем кӑнтӑралла вĕççе каяççĕ. | Gegen Winter fliegen die Vögel in Richtung Süden davon. |
| Юхӑма хирĕç ишме йывӑр. | Es ist schwer, gegen die Strömung zu schwimmen. |

-шкел *gleich wie*:

| Сирешкел çынпа калаçма та кӑмӑллӑ. | Es ist angenehm, mit einem Menschen wie Ihnen zu sprechen. |
| Çакнашкал çанталӑкра урама та тухас килмест. | Bei einem solchen Wetter hat man keine Lust, auf die Straße zu gehen. |

4. Postpositionen mit dem Ablativ

Den Ablativ regieren folgende Postpositionen:

вара *dann, danach*:

| Малтан ĕçлерĕмĕр, унтан вара кантăмăр. | Erst haben wir gearbeitet, danach haben wir ausgeruht. |

малтан *vorher, davor*:
Zeitangaben bleiben ohne das Ablativsuffix:

| Эсĕ манран малтан калаçма пуçларăн. | Du hast vor mir zu sprechen angefangen. |
| Хăрама вĕреннĕ йытă виç кун малтан вĕрнĕ, теççĕ. | Ein Hund, der das Fürchten gelernt hat, bellt drei Tage vorher, sagt man. |

-пе *seit*:

| Эпир Шупашкарта 1980 çултанпа пурăнатпăр. | Wir leben seit 1980 in Tscheboksary. |

пуçласа *angefangen von, von … an*:

| Эпĕ иртен пуçласа каçчен ĕçлерĕм. | Ich habe vom Morgen bis zum Abend gearbeitet. |

пуçне oder auch **-сĕр пуçне** *außer, ausgenommen*:

| Пирĕн кÿршĕн ывăлĕнчен пуçне урăх никам та çук. | Unser Nachbar hat niemanden außer seinem Sohn. |
| Сансăр пуçне мана кам пулăшĕши? | Wer außer dir wird mir wohl helfen? |

VII. Das Hilfsverb *sein* sowie **пур** und **çук**

1. Das Präsens

Von einem Hilfsverb *sein* ist im Tschuwaschischen praktisch nichts erhalten geblieben. Im Präsens dienen die Personalpronomina der Bezeichnung der Person; die Verneinung erfolgt durch das selbständige Wort **мар** *nicht*:

| Эсир чăваш-и? | Sind Sie Tschuwasche? |
| Çапла, эпĕ чăваш. | Ja, ich bin Tschuwasche. |

| Ачасем килте-и? | Sind die Kinder zu Hause? |
| Çук, килте мар, шкулта. | Nein, sie sind nicht zu Hause, sie sind in der Schule. |

| Паян çанталăк мĕнле? | Wie ist das Wetter heute? |
| Паян çанталăк ăшă. | Heute ist das Wetter warm. |

Personal-pronomina	Prädikatsnomen	Negation	Fragepartikel
эпĕ	вĕренекен	мар	-и
эсĕ	килте		
вăл	ĕçчен		
эпир			
эсир			
вĕсем			

эпĕ вĕренекен	ich bin Schüler
эсĕ вĕренекен	du bist Schüler
вăл вĕренекен	er/sie ist Schüler(in)
эпир вĕренекен	wir sind Schüler
эсир вĕренекен	ihr seid Schüler/Sie sind Schüler
вĕсем вĕренекен	sie sind Schüler

эпĕ вĕренекен мар	ich bin kein Schüler
эсĕ вĕренекен мар	du bist kein Schüler
вăл вĕренекен мар	er/sie ist kein(e) Schüler(in)
эпир вĕренекен мар	wir sind keine Schüler
эсир вĕренекен мар	ihr seid keine Schüler/ Sie sind kein Schüler
вĕсем вĕренекен мар	sie sind keine Schüler

эсĕ вĕренекен-и?	bist du Schüler?
вăл вĕренекен-и?	ist er/sie Schüler(in)?
эсир вĕренекен-и?	seid ihr Schüler/ sind Sie Schüler?
вĕсем вĕренекен-и?	sind sie Schüler?

эсĕ вĕренекен мар-и?	bist du nicht Schüler?
вăл вĕренекен мар-и?	ist er/sie nicht Schüler(in)?
эсир вĕренекен мар-и?	seid ihr nicht Schüler/ sind Sie nicht Schüler?
вĕсем вĕренекен мар-и?	sind sie nicht Schüler?

Das Präsens von **пур** *vorhanden* und **çук** *nicht vorhanden* lautet:

Килте чей пур.	Zu Hause ist Tee vorhanden = zu Hause gibt es Tee.
Килте чей çук.	Zu Hause ist kein Tee vorhanden = zu Hause gibt es keinen Tee.

2. Das Verb **пул-**

Für die meisten Bildungen des Hilfsverbs *sein*, seien es finite Verbformen, Verbalnomina oder Konverbien, verwendet das Tschuwaschische das Vollverb **пул-**, das neben *werden, geschehen, sich ereignen, stattfinden* auch die Bedeutungen *sein, vorhanden sein, in Ordnung sein, möglich sein* und *gestattet sein* haben kann:

Асăрхануллă пулăр!	Seid vorsichtig!
Çанталăк ăшă пулĕ.	Das Wetter wird warm werden.

3. Das Perfekt/Präteritum

Zur Wiedergabe eines Perfekts, das zugleich auch ein Präteritum beinhaltet, verwendet das Tschuwaschische für alle Personen einheitlich das Suffix **-ччĕ**, nach stimmlosen Konsonanten **-чĕ**, das nicht der Vokalharmonie unterliegt und direkt an das Prädikatsnomen angefügt wird:

Ĕнер çанталăк сивĕччĕ, паян ăшă.	Gestern war das Wetter kalt, heute ist es warm.
Пирен çемье Шупашкара куçса килнĕ чухне эпĕ вуниккĕреччĕ.	Als unsere Familie nach Tscheboksary übergesiedelt ist, war ich zwölf Jahre alt.
Эсир шăнкăравланă чух(не) эпир хулараччĕ.	Als ihr angerufen habt, waren wir gerade in der Stadt.

Personal-pronomina	Prädikatsnomen	Negation	Perfekt-endung	Fragepartikel
эпĕ	вĕренекен	мар	-(ч)чĕ	-и
эсĕ	килте			
вăл	ĕçчен			
эпир				
эсир				
вĕсем				

Das Perfekt/Präteritum von **пур** *vorhanden* und **çук** *nicht vorhanden* lautet:

| Килте чей пурччĕ. | Zu Hause gab es Tee. |
| Килте чей çукчĕ. | Zu Hause gab es keinen Tee. |

Meist jedoch werden anstelle des sehr statischen **-(ч)чĕ** die dynamischeren Formen von **пул-** zur Wiedergabe des Perfekts verwendet:

| Ĕнер çанталăк ăшă пулчĕ. | Gestern war das Wetter warm. |
| Эпир кунĕпе хулара пултăмăр. | Wir waren den ganzen Tag in der Stadt. |

VIII. Zeiten und Modi des Vollverbs

1. Allgemeines

Der einfache Infinitiv des tschuwaschischen Vollverbs setzt sich zusammen aus dem Verbstamm und einer nomenbildenden Endung **-ме** (vgl. S. 73). Im Folgenden wird jedoch anstelle des Infinitivs lediglich der Verbstamm, wie in den tschuwaschischen Wörterbüchern üblich, als Grundform eines Verbs angegeben:

auf л, н	auf p	auf restliche Konsonanten	auf e, a	auf ÿ, y
кил- *kommen*	пĕтер- *beenden*	кĕт- *warten*	ĕçле- *arbeiten*	тÿ- *zerkleinern*
кан- *ausruhen*	пар- *geben*	кай- *gehen*	вула- *lesen*	çу- *waschen*

Die Verneinung im Zusammenhang mit dem Vollverb wird meist durch ein Suffix **-ме** gebildet, das direkt auf den Verbstamm folgt und die Betonung auf die ihr unmittelbar vorausgehende Silbe zieht:

килме-	пĕтерме-	кĕтме-	ĕçлеме-	тÿме-
канма-	пама-	кайма-	вулама-	çума-

Zur Bildung der einzelnen finiten Formen schließt derjenige Bestandteil an, der einen bestimmten zeitlichen oder modalen Aspekt beinhaltet; er wird im Folgenden als Themasuffix bezeichnet. Einige der auf diese Art entstandenen Formen sind Partizipien (vgl. S. 76 ff.), die als Prädikatsnomina dienen:

эпĕ ...	ich bin einer, der ...	
... каяс	... gehen wird	= ich werde/will gehen
... каясшăн	... dafür ist, zu gehen	= ich möchte gehen
... каймалла	... gehen sollte	= ich muss/sollte gehen
... кайнă	... gegangen ist	= ich bin gegangen

Ausgenommen ist an dieser Stelle das Partizip Präsens auf (ø)-екен (vgl. S. 49), da es als Prädikatsnomen im Präsens nicht der Wiedergabe einer finiten Verbform, sondern der Bezeichnung eines Personenstandes dient:

вĕрен-	lernen	вĕренекен	Schüler
вĕрент-	lehren	вĕрентекен	Lehrer
ĕçле-	arbeiten	ĕçлекен	Arbeiter
итле-	zuhören	итлекен	Zuhörer

Bei den übrigen Tempora und Modi erfolgt die Bezeichnung der Personen durch Personalendungen. Zu beachten ist, dass beim Präsens-Futur, beim unbestimmten Futur sowie beim einfachen Perfekt die 3. Personen nicht der Vokalharmonie unterliegen, sondern ihren vorderen Vokal ĕ beibehalten. Zwar hat die Endung der 3. Person Singular des Präsens-Futur keinen Vokal, doch ist ihr т ein vorderer Konsonant, weshalb es bei Verben mit hinteren Vokalen ein Weichheitszeichen erhält:

| каять | er/sie geht |
| каяççĕ | sie gehen |

| кайĕ | er/sie wird wohl gehen |
| кайĕç | sie werden wohl gehen |

| кайрĕ | er/sie ist gegangen |
| кайрĕç | sie sind gegangen |

2. Präsens- und Futurformen

a) Das Präsens-Futur auf (ø)-e

Durch diese Form wird eine Tätigkeit ausgedrückt, die man gegenwärtig ausübt, in naher Zukunft ausüben wird, regelmäßig ausübt oder grundsätzlich auszuüben bereit ist:

Эпир пасара каятпăр.	Wir gehen (gerade) auf den Markt.
Ыран пасара каятпăр.	Wir gehen morgen auf den Markt.
Эпир кунсерен пасара каятпăр.	Wir gehen täglich auf den Markt.

Das Präsens-Futur dient auch der Wiedergabe eines historischen Präsens:

| 14-мĕш ĕмĕрте Ылтăн Ордана тăшмансем тапăна-тапăна кĕреççĕ, халăха çаратаççĕ, чуралăха иле-иле каяççĕ. | Im 14. Jahrhundert fallen Feinde in das Reich der Goldenen Horde ein, rauben die Bevölkerung aus und verschleppen sie in die Sklaverei. |

Die Formen des Präsens-Futur werden gebildet, indem man an den Verbstamm (ø)-e anfügt. Die Bezeichnungen der Personen gehen vermutlich auf eine Verbindung des Verbs **tăp-** *stehen* mit Personalendungen pronominalen Ursprungs zurück. In der 3. Person Plural wird das **т** zu **ç** assimiliert; bei der verneinten Form entfällt in der 3. Person Plural das **с** des Themasuffixes (vgl. hierzu die Übersicht über die Konjugation, S. 120 ff.):

Verbstamm	Themasuffix	Personalendungen	Fragepartikel
кил-	bejaht (ø)-e	-т-ĕп	-и
кĕт-	verneint -мес	-т-ĕн	
ĕçле-		-т	
		-т-пĕр	
		-т-ĕр	
		-ç-çĕ	

килетĕп	пĕретĕп	кĕтетĕп	ĕçлетĕп	тĕветĕп
килместĕп	пĕрместĕп	кĕтместĕп	ĕçлеместĕп	тӳместĕп
канатăп	паратăп	каятăп	вулатăп	çăватăп
канмастăп	памастăп	каймастăп	вуламастăп	çумастăп

Zeiten und Modi des Vollverbs

каятăп	ich gehe
каятăн	du gehst
каять	er/sie geht
каятпăр	wir gehen
каятăр	ihr geht, Sie gehen
каяççĕ	sie gehen

каймастăп	ich gehe nicht
каймастăн	du gehst nicht
каймасть	er/sie geht nicht
каймастпăр	wir gehen nicht
каймастăр	ihr geht nicht, Sie gehen nicht
каймаççĕ	sie gehen nicht

каятăн-и?	gehst du?
каять-и?	geht er/sie?
каятăр-и?	geht ihr, gehen Sie?
каяççĕ-и?	gehen sie?

каймастăн-и?	gehst du nicht?
каймасть-и?	geht er/sie nicht?
каймастăр-и?	geht ihr nicht, gehen Sie nicht?
каймаççĕ-и?	gehen sie nicht?

b) Das unbestimmte Futur auf (ø)-ĕ

Durch diese Verbform wird eine Handlung beschrieben, die in der Zukunft möglicherweise eintreten bzw. nicht eintreten wird. Oftmals handelt es sich dabei lediglich um eine unverbindliche Absichtserklärung:

Ыран театра кайăп.	Morgen gehe ich vielleicht ins Theater.
Ыран курнăçăпăр.	Vielleicht sehen wir uns morgen.
Паян хулана каймăпăр.	Wir werden heute wohl nicht in die Stadt fahren.

Die Formen des unbestimmten Futur werden gebildet, indem man an den Verbstamm (ø)-ĕ anfügt; es schließen Personalendungen an, die gleichen Ursprungs wie diejenigen des Präsens-Futur sind. Die Verneinung ist auf -м verkürzt:

Verbstamm	Negation	Themasuffix	Personalendungen	Fragepartikel
кил-	-м	(ø)-ĕ	-п	-и
кĕт-			-н	
ĕçле-			---	
			-пĕр	
			-р	
			-ç	

килĕп	пĕтерĕп	кĕтĕп	ĕçлĕп	тĕвĕп
килмĕп	пĕтермĕп	кĕтмĕп	ĕçлемĕп	тӳмĕп
канăп	парăп	кайăп	вулăп	çăвăп
канмăп	памăп	каймăп	вуламăп	çумăп

кайăп	ich werde vielleicht gehen
кайăн	du wirst vielleicht gehen
кайĕ	er/sie wird vielleicht gehen
кайăпăр	wir werden vielleicht gehen
кайăр	ihr werdet vielleicht gehen, Sie werden vielleicht gehen
кайĕç	sie werden vielleicht gehen

Zeiten und Modi des Vollverbs 57

каймӑп		ich werde vielleicht nicht gehen
каймӑн		du wirst vielleicht nicht gehen
каймӗ		er/sie wird vielleicht nicht gehen
каймӑпӑр		wir werden vielleicht nicht gehen
каймӑр		ihr werdet vielleicht nicht gehen, Sie werden vielleicht nicht gehen
каймӗç		sie werden vielleicht nicht gehen

кайӑн-и?		wirst du vielleicht gehen?
кайӗ-и?		wird er/sie vielleicht gehen?
кайӑр-и?		werdet ihr vielleicht gehen, werden Sie vielleicht gehen?
кайӗç-и?		werden sie vielleicht gehen?

каймӑн-и?		wirst du nicht vielleicht gehen?
каймӗ-и?		wird er/sie nicht vielleicht gehen?
каймӑр-и?		werdet ihr nicht vielleicht gehen, werden Sie nicht vielleicht gehen?
каймӗç-и?		werden sie nicht vielleicht gehen?

c) Das Futur auf (ø)-ec

Das Partizip Futur auf **(ø)-ec** bringt eine Absicht zum Ausdruck. Die Personen werden durch Personalpronomina im Nominativ oder Genitiv wiedergegeben; die Verneinung erfolgt durch nachgestelltes **мар** oder **çук**:

Ман та хулана каяс.	Ich werde/will auch in die Stadt fahren.
Эпĕ сире нихçан та манас çук.	Ich werde euch niemals vergessen.
Кашкăртан хăрас пур вăрмана каяс мар.	Einer, der vor dem Wolf Angst hat, wird nicht in den Wald gehen.

Verbstamm	Themasuffix	Negation	Fragepartikel
кил-	(ø)-ec	мар/çук	-и
кĕт-			
ĕçле-			

килес	пĕтерес	кĕтес	ĕçлес	тĕвес
канас	парас	каяс	вулас	çăвас

эпĕ/ман каяс	ich werde gehen
эсĕ/сан каяс	du wirst gehen
вăл/унăн каяс	er/sie wird gehen
эпир/пирĕн каяс	wir werden gehen
эсир/сирĕн каяс	ihr werdet gehen, Sie werden gehen
вĕсем/вĕсĕн каяс	sie werden gehen

эпĕ/ман каяс мар/çук	ich werde nicht gehen
эсĕ/сан каяс мар/çук	du wirst nicht gehen
вăл/унăн каяс мар/çук	er/sie wird nicht gehen
эпир/пирĕн каяс мар/çук	wir werden nicht gehen
эсир/сирĕн каяс мар/çук	ihr werdet nicht gehen, Sie werden nicht gehen
вĕсем/вĕсĕн каяс мар/çук	sie werden nicht gehen

эсĕ/сан каяс-и?	wirst du gehen?
вăл/унăн каяс-и?	wird er/sie gehen?
эсир/сирĕн каяс-и?	werdet ihr gehen, werden Sie gehen?
вĕсем/вĕсĕн каяс-и?	werden sie gehen?

эсĕ/сан каяс мар-и?/çук-и?	wirst du nicht gehen?
вăл/унăн каяс мар-и?/çук-и?	wird er/sie nicht gehen?
эсир/сирĕн каяс мар-и?/çук-и?	werdet ihr nicht gehen, werden Sie nicht gehen?
вĕсем/вĕсĕн каяс мар-и?/çук-и?	werden sie nicht gehen?

Durch eine wörtliche Rede, gefolgt vom Verb **те-** sagen (vgl. S. 92), wird ein Wunsch zum Ausdruck gebracht:

Эсир мĕн тăвас тетĕр?	Was sagt ihr, was ihr tun werdet/wollt = was möchtet ihr tun?
Эпир кинона каяс тетпĕр.	Wir sagen: „Wir werden/wollen ins Kino gehen" = wir möchten ins Kino gehen.
Эпĕ килте юлас тетĕп.	Ich sage: „Ich werde/will zu Hause bleiben" = ich möchte zu Hause bleiben.

Verbunden mit der suffigierten Postposition **-шĕн** *für* (vgl. S. 44) gibt das Partizip Futur einen gefassten Entschluss wieder:

килесшĕн	пĕтересшĕн	кĕтесшĕн	ĕçлесшĕн	тĕвесшĕн
канасшăн	парасшăн	каясшăн	вуласшăн	çăвасшăн

Мĕн тăвасшăн эсир?	Was habt ihr vor?
Эпир кинона каясшăн.	Wir sind dafür, ins Kino zu gehen = wir wollen ins Kino gehen.

3. Perfektformen

a) Das einfache Perfekt auf **-pĕ**

Diese Zeitform entspricht dem deutschen Perfekt, das heißt, die beschriebene Handlung wurde durchgeführt und zu einem Abschluss gebracht:

Ĕнер мĕн турăр?	Was habt ihr gestern gemacht?
Эпир ирех тăтăмăр.	Wir sind früh aufgestanden.
Малтан ĕçлерĕмĕр, унтан вара кантăмăр.	Zuerst haben wir gearbeitet, danach haben wir ausgeruht.
Каçпа хăнасем килчĕç.	Am Abend sind Gäste gekommen.

Das Themasuffix lautet **-p**; Verbstämme auf **л**, **н**, **р** erhalten als Themasuffix ein **-т**, das in den 3. Personen zu **ч** wird. Die anschließenden Personalendungen sind vermutlich possessiven Ursprungs und bilden mit dem Themasuffix eine Einheit:

Verbstamm	Negation	Personalendungen	Fragepartikel
кил-	-ме	-рĕм	-и
кĕт-		-рĕн	
ĕçле-		-рĕ	
		-рĕмĕр	
		-рĕр	
		-рĕç	

килтĕм	пĕтертĕм	кĕтрĕм	ĕçлерĕм	тÿрĕм
килмерĕм	пĕтермерĕм	кĕтмерĕм	ĕçлемерĕм	тÿмерĕм
кантăм	патăм	кайрăм	вулярăм	çурăм
канмарăм	памарăм	каймарăм	вуламарăм	çумарăм

кайрăм	ich bin gegangen
кайрăн	du bist gegangen
кайрĕ	er/sie ist gegangen
кайрăмăр	wir sind gegangen
кайрăр	ihr seid gegangen, Sie sind gegangen
кайрĕç	sie sind gegangen

Zeiten und Modi des Vollverbs 61

каймарăм		ich bin nicht gegangen
каймарăн		du bist nicht gegangen
каймарĕ		er/sie ist nicht gegangen
каймарăмăр		wir sind nicht gegangen
каймарăр		ihr seid nicht gegangen, Sie sind nicht gegangen
каймарĕç		sie sind nicht gegangen

кайрăн-и?	bist du gegangen?
кайрĕ-и?	ist er/sie gegangen?
кайрăр-и?	seid ihr gegangen, sind Sie gegangen?
кайрĕç-и?	sind sie gegangen?

каймарăн-и?	bist du nicht gegangen?
каймарĕ-и?	ist er/sie nicht gegangen?
каймарăр-и?	seid ihr nicht gegangen, sind Sie nicht gegangen?
каймарĕç-и?	sind sie nicht gegangen?

b) Das Perfekt auf -нĕ/мен

Das Partizip Perfekt auf **-нĕ** (vgl. S. 76), verneint **-мен** (vgl. S. 81), kann als Prädikatsnomen zweierlei beinhalten: zum einen gibt es eine Tätigkeit wieder, die in der Vergangenheit stattgefunden hat und noch bis in die Gegenwart nachwirkt bzw. Gültigkeit besitzt; zum anderen bedeutet es auch, dass der Sprecher den Vorgang nicht selbst beobachtet bzw. bewusst miterlebt hat. Daher ist diese Form häufig in Märchen und Erzählungen zu finden:

Эпĕ сирĕн çинчен нумай илтнĕ.	Ich habe viel von Ihnen gehört.
Эсир ăçта çуралнă?	Wo sind Sie geboren?
Эпĕ Канашра çуралнă.	Ich bin in Kanasch geboren.
Эсир авланнă-и?	Sind Sie verheiratet (m.)?
Çук, эпĕ авланман.	Nein, ich bin unverheiratet (m.).

Пĕр ялтаватă сын пурăннă, унăн виçĕ ывăл пулнă.	In einem Dorf lebte ein alter Mann, der hatte drei Söhne.

Verbstamm	Themasuffix	Fragepartikel
кил-	bejaht -нĕ	-и
кĕт-	verneint -мен	
ĕçле-		

килнĕ	пĕтернĕ	кĕтнĕ	ĕçлĕнĕ	тÿнĕ
килмен	пĕтермен	кĕтмен	ĕçлĕмен	тÿмен
каннă	панă	кайнă	вуланă	çунă
канман	паман	кайман	вуламан	çуман

эпĕ кайнă	ich bin gegangen
эсĕ кайнă	du bist gegangen
вăл кайнă	er/sie ist gegangen
эпир кайнă	wir sind gegangen
эсир кайнă	ihr seid gegangen, Sie sind gegangen
вĕсем кайнă	sie sind gegangen

эпĕ кайман	ich bin nicht gegangen
эсĕ кайман	du bist nicht gegangen
вăл кайман	er/sie ist nicht gegangen
эпир кайман	wir sind nicht gegangen
эсир кайман	ihr seid nicht gegangen, Sie sind nicht gegangen
вĕсем кайман	sie sind nicht gegangen

эсĕ кайнă-и?	bist du gegangen?
вăл кайнă-и?	ist er/sie gegangen?
эсир кайнă-и?	seid ihr gegangen, sind Sie gegangen?
вĕсем кайнă-и?	sind sie gegangen?

эсĕ кайман-и?	bist du nicht gegangen?
вăл кайман-и?	ist er/sie nicht gegangen?
эсир кайман-и?	seid ihr nicht gegangen, sind Sie nicht gegangen?
вĕсем кайман-и?	sind sie nicht gegangen?

4. Aufforderungsformen

a) Das Partizip auf -мелле

Das Partizip auf -мелле hat nezessitative Bedeutung. Als Prädikatsnomen entspricht es deutschem konjunktivischen *sollen*. Durch diese Form wird nicht ein Zwang, sondern lediglich eine Empfehlung oder allgemeine Verhaltensanweisung zum Ausdruck gebracht:

Пичче паян-ыран Хусантан таврăнмалла.	Mein älterer Bruder sollte heute oder morgen aus Kasan zurückkommen.
Каçарăр, манăн каймалла.	Verzeihen Sie, ich sollte jetzt gehen.
Вокзала мĕнле çитмелле?	Wie gelangt man zum Bahnhof?

Die Personen werden durch vorangestellte Personalpronomina im Nominativ oder Genitiv wiedergegeben; die Verneinung erfolgt durch nachgestelltes **мар**:

Verbstamm	Themasuffix	Negation	Fragepartikel
кил-	-мелле	мар	-и
кĕт-			
ĕçле-			

килмелле	пĕтермелле	кĕтмелле	ĕçлĕмелле	тӳмелле
канмалла	памалла	каймалла	вуламалла	çумалла

эпĕ/ман(ăн) каймалла	ich sollte gehen
эсĕ/сан(ăн) каймалла	du solltest gehen
вăл/унăн каймалла	er/sie sollte gehen
эпир/пирĕн каймалла	wir sollten gehen
эсир/сирĕн каймалла	ihr solltet gehen, Sie sollten gehen
вĕсем/вĕсĕн каймалла	sie sollten gehen

эпĕ/ман(ăн) каймалла мар	ich sollte nicht gehen
эсĕ/сан(ăн) каймалла мар	du solltest nicht gehen
вăл/унăн каймалла мар	er/sie sollte nicht gehen
эпир/пирĕн каймалла мар	wir sollten nicht gehen
эсир/сирĕн каймалла мар	ihr solltet nicht gehen, Sie sollten nicht gehen
вĕсем/вĕсĕн каймалла мар	sie sollten nicht gehen

эпĕ/ман(ăн) каймалла-и?	sollte ich gehen?
эсĕ/сан(ăн) каймалла-и?	solltest du gehen?
вăл/унăн каймалла-и?	sollte er/sie gehen?
эпир/пирĕн каймалла-и?	sollten wir gehen?
эсир/сирĕн каймалла-и?	solltet ihr gehen, sollten Sie gehen?
вĕсем/вĕсĕн каймалла-и?	sollten sie gehen?

эпĕ/ман(ăн) каймалла мар-и?	sollte ich nicht gehen?
эсĕ/сан(ăн) каймалла мар-и?	solltest du nicht gehen?
вăл/унăн каймалла мар-и?	sollte er/sie nicht gehen?
эпир/пирĕн каймалла мар-и?	sollten wir nicht gehen?
эсир/сирĕн каймалла мар-и?	solltet ihr nicht gehen, sollten Sie nicht gehen?
вĕсем/вĕсĕн каймалла мар-и?	sollten sie nicht gehen?

b) Der Imperativ der 2. Personen

Der Imperativ der 2. Person Singular ist mit dem Verbstamm identisch. Zur Bildung des Imperativs der 2. Person Plural wird das Suffix **(ø)-ĕp** angefügt; damit ist diese Form mit derjenigen des unbestimmten Futur identisch. Die Verneinung wird gebildet, indem man der Verbform die Verneinungspartikel **ан** voranstellt:

Кĕрĕр, тархасшăн.	Bitte treten Sie ein.
Паллашăр, тархасшăн.	Bitte machen Sie sich bekannt.
Пирĕн пата татăх килĕр.	Kommen Sie wieder zu uns/ beehren Sie uns wieder.
Чипер кайăр.	Gehen Sie schön = gute Reise.
Чипер юлăр.	Bleiben Sie schön zurück = alles Gute.
Пире ан манăр.	Vergesst uns nicht.

Verbstamm	Imperativendungen
кил-	---
кĕт-	(ø)-ĕp
ĕçле-	

килĕр	пĕтерĕр	кĕтĕр	ĕçлĕр	тĕвĕр
ан килĕр	ан пĕтерĕр	ан кĕтĕр	ан ĕçлĕр	ан тĕвĕр
канăр	парăр	кайăр	вулăр	çăвăр
ан канăр	ан парăр	ан кайăр	ан вулăр	ан çăвăр

| кай | gehe | кайăр | gehen Sie |
| ан кай | gehe nicht | ан кайăр | gehen Sie nicht |

Durch eingefügtes **-сем** wird die Aufforderung zu einer höflichen Bitte:

| Пулăшсамăр мана. | Bitte helfen Sie mir doch. |
| Мана ывăлăрпа паллаштарсамăр. | Machen Sie mich bitte mit Ihrem Sohn bekannt. |

c) Der Imperativ der 3. Personen

Auch für die 3. Personen kennt das Tschuwaschische eine eigene Aufforderungsform; die deutsche Wiedergabe erfolgt durch *sollen* oder *mögen*:

Ырӑ кун пултӑр.	Möge es ein guter Tag sein/ guten Tag.
Телейлӗ ҫул пултӑр.	Möge es ein glücklicher Weg sein/ gute Reise.
Сывлӑха пултӑр.	Auf die Gesundheit/zum Wohl.

Der Imperativ der 3. Personen wird gebildet, indem man an den Verbstamm im Singular **-тӑр**, im Plural **-ччӑр**, nach stimmmlosen Konsonanten **-чӑр** anfügt. Die Verneinung erfolgt auch hier durch vorangestelltes **ан**:

Verbstamm	Imperativendung	Fragepartikel
кил-	-тӑр	-и
кӗт-	-(ч)чӑр	
ӗҫле-		

килтӗр	пӗтертӗр	кӗттӗр	ӗҫлетӗр	тӳтӗр
ан килтӗр	ан пӗтертӗр	ан кӗттӗр	ан ӗҫлетӗр	ан тӳтӗр
кантӑр	патӑр	кайтӑр	вулатӑр	ҫутӑр
ан кантӑр	ан патӑр	ан кайтӑр	ан вулатӑр	ан ҫутӑр

| кайтӑр | er/sie soll gehen |
| кайччӑр | sie sollen gehen |

| ан кайтӑр | er/sie soll nicht gehen |
| ан кайччӑр | sie sollen nicht gehen |

| кайтӑр-и? | soll er/sie gehen? |
| кайччӑр-и? | sollen sie gehen? |

| ан кайтӑр-и? | soll er/sie nicht gehen? |
| ан кайччӑр-и? | sollen sie nicht gehen? |

d) Der Optativ

Der tschuwaschische Optativ gibt eine Aufforderung an die 1. Personen wieder. Er entspricht dem deutschen Modalverb *mögen*, in der Frageform dem Modalverb *sollen*:

Чăвашла калаçар.	Wir möchten Tschuwaschisch sprechen/ lasst uns Tschuwaschisch sprechen.
Айтăр, хулана каяр.	Auf, lasst uns in die Stadt gehen.
Эпĕ те сирĕнпе пырам-и?	Soll ich auch mit euch gehen?

Die Formen des Optativs werden gebildet, indem man im Singular (ø)-ем, im Plural (ø)-ер an den Verbstamm anfügt. Die Verneinung erfolgt durch nachgestelltes **мар**:

Verbstamm	Optativendungen	Fragepartikel
кил-	(ø)-ем	-и
кĕт-	(ø)-ер	
ĕçле-		

килем	пĕтерем	кĕтем	ĕçлем	тĕвем
килем мар	пĕтерем мар	кĕтем мар	ĕçлем мар	тĕвем мар
канам	парам	каям	вулам	çăвам
канам мар	парам мар	каям мар	вулам мар	çăвам мар

каям	ich möchte gehen, lasst mich gehen
каяр	lasst uns gehen

каям мар	ich möchte nicht gehen
каяр мар	lasst uns nicht gehen

каям-и?	soll ich gehen?
каяр-и?	sollen wir gehen?

каям мар-и?	soll ich nicht gehen?
каяр мар-и?	sollen wir nicht gehen?

5. Mit -(ч)чĕ zusammengesetzte Verbformen

Es ist möglich, die auf S. 52 vorgestellten prädikativ verwendeten Partizipien sowie das Partizip Präsens auf (ø)-екен durch Anfügung von -(ч)чĕ (vgl. S. 51) in ihrer Bedeutung in die Vergangenheit zu übertragen. Im Einzelnen entstehen folgende Bedeutungen:

эпĕ ...	ich war einer, der ...	
... каяканччĕ	... regelmäßig geht	= ich pflegte zu gehen
... каясчĕ	... gehen wird	= ich wollte/würde gerne gehen
... каясшăнччĕ	... dafür ist, zu gehen	= ich wollte eigentlich gehen
... каймаллаччĕ	... gehen sollte	= ich hätte gehen sollen
... кайнăччĕ	... gegangen ist	= ich war gegangen
... кайманччĕ	... nicht gegangen ist	= ich war nicht gegangen

Пирĕн асатте ирхине ирех тăраканччĕ.	Unser Großvater pflegte morgens früh aufzustehen.
Хăçан та пулин Италие кайса курасчĕ.	Irgendwann einmal würde ich gerne Italien bereisen.
Ĕнер концерта каясшăнччĕ, анчах билет илеймерĕм.	Ich wollte gestern ins Konzert gehen, habe aber keine Karte bekommen können.
Контракт тăрăх учитель мана нимĕçле вĕрентмеллеччĕ.	Vertragsgemäß hätte der Lehrer mir Deutsch beibringen sollen.
Хĕвел аннăччĕ ĕнтĕ, анчах тĕттĕмленсе çитменччĕ-ха.	Die Sonne war schon untergegangen, aber es war noch nicht dunkel geworden.
Эпĕ атте килĕшессе кĕтменччĕ.	Ich hatte nicht erwartet, dass (mein) Vater zustimmen würde.

Zur Verneinung dient **мар**, beim Partizip Perfekt **-мен**:

Эпĕ кĕтес марччĕ.	Ich wollte nicht warten.
Эсĕ каймалла марччĕ.	Du hättest nicht gehen sollen.
Хĕвел анманччĕ-ха.	Die Sonne war noch nicht untergegangen.

Um das Präsens-Futur, das unbestimmte Futur sowie das Konverb auf **-ce** (vgl. S. 87), das in diesem Zusammenhang die Funktion eines Perfekt übernimmt, in die Vergangenheit zu übertragen, verfügt das Tschuwaschische über perfektische Personalendungen auch für die 1. und 2. Personen. Sie können zusätzlich um **-ччĕ** erweitert werden, ohne dass sich dadurch die Bedeutung verändert (vgl. die Übersicht über die Konjugation, S. 120 ff.):

Verbstamm	Themasuffixe	Personalendungen	Fragepartikel
кил-	Präs.-Futur -е	-ттĕм(ччĕ)	-и
кĕт-	unb. Futur -ĕ	-ттĕн(ччĕ)	
ĕçле-	Konverb -се	-тчĕ/ччĕ	
		-ттĕмĕр(ччĕ)	
		-ттĕр(ччĕ)	
		-тчĕç/ччĕç	

Durch Verbindung mit dem Präsens-Futur entsteht ein Präteritum. Die verneinte 2. Person Singular ist identisch mit derjenigen des einfachen Präsens-Futur:

Ача чух эпĕ юмах итлеме юрататтăм.	Als ich ein Kind war, liebte ich es, Geschichten anzuhören.
Ун чух эпĕ шкула çÿреттĕм.	Ich ging damals zur Schule.

Fügt man die Endungen an das Futur, entsteht eine Art Konjunktiv:

Пĕлсен эпĕ те чăвашла калаçаттăм.	Wenn ich könnte, würde ich auch Tschuwaschisch sprechen.
Ыран эпĕ кинона кайăттăмччĕ, анчах та вăхăт çук.	Ich würde gerne morgen ins Kino gehen, aber ich habe keine Zeit.

Durch Anfügen an das Konverb auf **-се** entsteht ein selten verwendetes Plusquamperfekt, das im Gegensatz zum eher statischen Plusquamperfekt auf **-нĕччĕ** (vgl. S. 69) eine in Gang befindliche Handlung beschreibt:

Эпĕ çыру çырсаттăм.	Ich hatte einen Brief geschrieben.
Килейместĕп тесе каласаттăм-çке сана.	Ich hatte dir doch gesagt, dass ich nicht kommen kann.

6. Mit Bildungen von **пул-** zusammengesetzte Verbformen

Es ist möglich, alle diejenigen Bildungen von **пул-**, in denen es das Hilfsverb *sein* vertritt, an Formen des Vollverbs anzuschließen. Durch Anfügung von **пулĕ** wird eine Vermutung zum Ausdruck gebracht; Bildungen mit **пулмалла** drücken *es muss wohl so sein, dass* aus:

Эсĕ манран хăрамастăн пулĕ-çке?	Du fürchtest dich doch wohl nicht vor mir?
Хăна çывăрать пулĕ.	Der Gast schläft wohl.
Эпĕ çывăрса юлтăм пулмалла.	Ich muss wohl verschlafen haben.

Bei **пулас** ist die Vermutung zur Gewissheit geworden:

Хăнасем Шупашкара килсе çитнĕ пулас.	Die Gäste werden bestimmt in Tscheboksary angekommen sein.
Эпĕ çывăрса юлтăм пулас.	Ich habe offensichtlich verschlafen.

Durch Anfügen des Perfekts von **пул-** wird das Entstehen einer Situation zum Ausdruck gebracht:

Манăн Канаша çитиччен çуран утмалла пулчĕ.	Ich bin einer geworden, der zu Fuß bis nach Kanasch gehen muss = ich war gezwungen, zu Fuß bis nach Kanasch zu gehen.
Атте машинине сутасшăн пулчĕ.	Mein Vater ist einer geworden, der sein Auto verkaufen will = mein Vater hat beschlossen, sein Auto zu verkaufen.
Пуç ыратакан пулчĕ.	Der Kopf wurde schmerzend = der Kopf hat zu schmerzen angefangen.

Die Verneinung des Partizips auf **(ø)-екен** wird in diesem Zusammenhang durch **-ми** wiedergegeben:

Пуç ыратми пулчĕ.	Der Kopf wurde nicht schmerzend = der Kopf hat zu schmerzen aufgehört.

IX. Verbalnomina

1. Allgemeines

Verbalnomina sind einerseits Verbaladjektive oder Partizipien, die eine jeweils handelnde Person beschreiben und deren Wiedergabe im Deutschen zumeist in Form eines Relativsatzes erfolgt. Da sie als Adjektive verstanden werden, können sie nicht nur attributiv vor einem Substantiv stehen, sondern auch selbst substantivisch gebraucht werden (vgl. Kap. II); in dieser letzteren Funktion bilden sie u.a. die Gruppe von Prädikatsnomina, die zur Bildung finiter Verbformen eingesetzt werden (vgl. S. 52 ff):

пулăшакан юлташсем	Freunde, die helfen
пулăшнă юлташсем	Freunde, die geholfen haben
пулăшас юлташсем	Freunde, die helfen werden

пулăшакан	einer, der hilft
пулăшнă	einer, der geholfen hat
пулăшас	einer, der helfen wird

Auf der anderen Seite sind Verbalnomina auch Verbalsubstantive oder Infinitive, die eine Handlung oder einen Sachverhalt beschreiben. Sie werden wie Substantive behandelt und können daher dekliniert und im Zusammenhang mit Postpositionen verwendet werden. Die deutsche Wiedergabe erfolgt meist durch ein Verbalsubstantiv oder die Konstruktion „die Tatsache, dass":

Ванюк(ăн) пулăшасси	die Tatsache, dass Wanjuk helfen wird
Ванюк(ăн) пулăшни	die Tatsache, dass Wanjuk geholfen hat/hilft

Durch den Gebrauch von Verbalnomina bringt das Tschuwaschische in bestechend knapper Form Sachverhalte zum Ausdruck, für die das Deutsche die unterschiedlichsten Nebensätze benötigt.

2. Der Infinitiv auf -ме

Dieses Verbalnomen ist die allgemein als Infinitiv vorgestellte Verbform. Es gibt eine Tätigkeit in ihrer allgemeinen und personenunabhängigen Bedeutung wieder und entspricht so weitgehend deutschen Nebensätzen mit dem Infinitiv und *zu*. Zu beachten ist, dass der Infinitiv weder Possessivsuffixe erhalten noch dekliniert werden kann:

килме	пĕтерме	кĕтме	ĕçлеме	тӳме
канма	пама	кайма	вулама	çума

Das Subjekt eines Satzes bildet es im Zusammenhang mit **пул-** *möglich sein*, **аван/лайăх пул-** *gut sein*, **интереслĕ пул-** *interessant sein*, **йывăр пул-** *schwierig sein*, **кăмăллă пул-** *angenehm sein, erfreulich sein*, **килĕш-** *gefallen*, **кирлĕ пул-** *notwendig sein*, **çăмăл пул-** *leicht sein*, **çук пул-** *unmöglich sein*, **юра-** *in Ordnung sein*:

Мана Ванюк кирлĕччĕ. Ăна чĕнме пулать-ши?	Ich bräuchte Wanjuk. Ist es möglich, ihn zu rufen?
Юхăма май ишме çăмăл.	Es ist leicht, mit der Strömung zu schwimmen.
Кушака упа тума çук.	Es ist unmöglich, aus einer Katze einen Bären zu machen.
Кĕме юрать-и?	Darf man eintreten?

Als Objekt tritt der Infinitiv im Zusammenhang mit Verben der Bewegung auf, die die Ziel- und Zweckrichtung angeben, wie **ан-** *hinuntergehen*, **васка-** *eilen*, **вырт-** *sich legen*, **кай-** *(weg)gehen*, **кĕ(р)-** *eintreten*, **кил-** *kommen*, **лар-** *sich setzen*, **тух-** *hinausgehen*:

Хăна çывăрма выртнă.	Der Gast hat sich schlafen gelegt.
Кино курма каятпăр.	Wir gehen uns einen Film ansehen.
Эпир канма лартăмăр.	Wir haben uns hingesetzt, um auszuruhen.
Ачасем урама выляма тухнă.	Die Kinder sind auf die Straße hinausgegangen, um zu spielen.

Weitere Verben sind **вăхăт пул-** *Zeit sein,* **вĕрен-** *lernen,* **ирĕк пар-** *gestatten,* **ман-** *vergessen,* **пăрах-** *werfen, aufgeben,* **пĕл-** *wissen, können,* **пулăш-** *behilflich sein,* **пултар-** *imstande sein,* **пуçла-** *beginnen,* **сĕн-** *vorschlagen,* **тăрăш-** *sich bemühen,* **тытăн-** *sich anschicken, beginnen,* **хавас пул-** *erfreut sein,* **хатĕр пул-** *bereit sein,* **хăтлан-** *versuchen,* **чарăн-** *Halt machen, aufhören,* **чĕн-** *rufen, einladen,* **хуш-** *befehlen,* **шутладаран денкен, шут тыт-** *beschließen,* **ыйт-** *darum bitten,* **яр-** *schicken,* **юрат-** *lieben*:

Пичче туртма пăрахнă.	Mein älterer Bruder hat das Rauchen aufgegeben.
Ишме пĕлетĕн-и?	Kannst du schwimmen?
Эпĕ чăвашла вĕренме пуçларăм.	Ich habe angefangen, Tschuwaschisch zu lernen.
Эпĕ сире пулăшма пултаратăп.	Ich kann euch helfen.
Сире ăнланма тăрăшатăп.	Ich bemühe mich, Sie zu verstehen.
Эпĕ сирĕнпе паллашма питĕ хавас.	Ich bin sehr erfreut, Sie kennen zu lernen.
Эпĕ ют чĕлхесене вĕренме юрататăп.	Ich liebe es, Fremdsprachen zu lernen.

Eine Verneinung des Infinitivs ist ebenfalls nicht möglich; stattdessen wird im Bedarfsfall das Prädikat des Satzes verneint:

Нина паян шкула кайма шутламарĕ.	Nina hat nicht beschlossen, heute zur Schule zu gehen = Nina hat beschlossen, heute nicht zur Schule zu gehen.
Врач мана туртма хушман.	Der Arzt hat mir nicht befohlen, zu rauchen = der Arzt hat mir befohlen, nicht zu rauchen.

3. Das Partizip auf (ø)-екен

Das Suffix zur Bildung des Partizip Präsens, das im Übrigen zeitlich indifferent ist und sich somit an die Haupthandlung anpasst, lautet (ø)-екен. Wie alle Partizipien kann es sowohl aktive als auch passive Bedeutung haben:

килекен	пӗтерекен	кӗтекен	ӗҫлекен	тӗвекен
канакан	паракан	каякан	вулакан	ҫӑвакан

Bei dem folgenden Beispiel ist das auf das Partizip folgende Substantiv das Subjekt der Nebenhandlung; im Deutschen steht das Relativpronomen im Nominativ:

Манпа телефонпа калаҫакан пичче ыран пирӗн пата хӑнана килет.	Mein Bruder, der mit mir telefoniert, kommt morgen zu uns zu Besuch.

Steht vor dem Partizip ein Substantiv mit dem Possessivsuffix der 3. Person, ist dieses Wort das Subjekt der Nebenhandlung. Die deutsche Übersetzung erfolgt, indem man das Relativpronomen in den Genitiv setzt:

Ывӑлӗ манпа телефонпа калаҫакан пичче ыран пирӗн пата хӑнана килет.	Mein Bruder, **dessen Sohn** mit mir telefoniert, kommt morgen zu uns zu Besuch.

Steht vor dem Partizip ein Substantiv oder ein Pronomen im Nominativ, ist dies das Subjekt der Nebenhandlung. Welchen Kasus das Verb, das die Partizipialform bildet, regiert, bleibt dabei unberücksichtigt:

Эпӗ телефонпа калаҫакан пичче ыран пирӗн пата хӑнана килет.	Mein Bruder, mit dem **ich** telefoniere, kommt morgen zu uns zu Besuch.

Steht in einem solchen Satz vor der Partizipialform zusätzlich ein Substantiv mit dem Possessivsuffix der 3. Person sowie in dem Kasus, den das betreffende Verb regiert, ist dieses das Objekt der Nebenhandlung:

Эпӗ **ывӑлӗпе** телефонпа калаҫакан пичче ыран пирӗн пата хӑнана килет.	Mein Bruder, **mit dessen Sohn** ich telefoniere, kommt morgen zu uns zu Besuch.

Das Partizip kann auch als Substantiv auftreten:

Мана ыйтакан пулчĕ-и?	Hat es jemanden gegeben, der nach mir gefragt hat = hat jemand nach mir gefragt?
Шыракана мар, тупакана мухтаççĕ.	Sie loben nicht den, der sucht; sie loben den, der findet.
Икĕ мулкача хăвалакан пĕрине те тытаймасть.	Wer zwei Hasen jagt, kann auch nicht einen fangen.

Um eine bestimmte Person in einer konkreten Situation zu bezeichnen, erhält das Partizip das Possessivsuffix der 3. Person:

Пуçлаканни эсĕ пултăн, вĕçлекенни – эпĕ.	Du warst es, der (es) begonnen hat, und ich war es, der (es) beendet hat.
Пасарта туянаканнисем – хулари çынсем; сутăканнисем вара тĕрлĕрен.	Diejenigen, die auf dem Markt einkaufen, sind Stadtmenschen; diejenigen, die verkaufen, verschiedene.

4. Das Partizip auf -нĕ

Die durch das Partizip auf **-нĕ** wiedergegebene Handlung liegt zeitlich vor der Haupthandlung:

килнĕ	пĕтернĕ	кĕтнĕ	ĕçленĕ	тÿнĕ
каннă	панă	кайнă	вуланă	çунă

Манпа телефонпа калаçнă пичче ыран пирĕн пата хăнана килет.	Mein Bruder, der mit mir telefoniert hat, kommt morgen zu uns zu Besuch.
Ывăлĕ манпа телефонпа калаçнă пичче ыран пирĕн пата хăнана килет.	Mein Bruder, dessen Sohn mit mir telefoniert hat, kommt morgen zu uns zu Besuch.
Эпĕ телефонпа калаçнă пичче ыран пирĕн пата хăнана килет.	Mein Bruder, mit dem ich telefoniert habe, kommt morgen zu uns zu Besuch.
Эпĕ ывăлĕпе телефонпа калаçнă пичче ыран пирĕн пата хăнана килет.	Mein Bruder, mit dessen Sohn ich telefoniert habe, kommt morgen zu uns zu Besuch.

Çuralnă кунпа салам.	Ein Gruß zu dem Tag, an dem (du) geboren wurde(st) = alles Gute zum Geburtstag.

Steht das Partizip attributiv vor **чух(не)** *Zeitpunkt*, entstehen Temporalsätze, die im Deutschen durch *als* oder *während* eingeleitet werden:

Эпир яла çитнĕ чухне каç пулнăччĕ ĕнтĕ.	Als wir das Dorf erreichten, war es schon Abend geworden.
Вăрман тăрăх уçăлса çӳренĕ чух иртнĕ кунсем çинчен шухăшларăм.	Als/während ich durch den Wald spazieren ging, habe ich über die vergangenen Tage nachgedacht.

Das Partizip tritt auch als Substantiv auf; auch hier erhält es bisweilen das Possessivsuffix der 3. Person:

Эпĕ сана курнă пек.	Ich bin wie einer, der dich gesehen hat = mir ist, als hätte ich dich gesehen.
Ача вăраннă пек курăнать.	Das Kind sieht aus wie eines, das aufgewacht ist = es sieht aus, als sei das Kind aufgewacht.

Мухтанни юлан утпа каять те çуран таврăнать.	Wer sich selbst gelobt hat/lobt, geht zu Pferd fort und kommt zu Fuß zurück.

5. Das Verbalsubstantiv auf -нĕ

Als Verbalsubstantiv hat das Verbalnomen auf **-нĕ** sowohl Perfekt- als auch Präsensbedeutung, da hier die beschriebene Handlung bereits eingesetzt hat. Ob sie bereits abgeschlossen ist (Perfektbedeutung) oder noch andauert (Präsensbedeutung), ergibt sich aus dem Zusammenhang.

A. In seiner einfachen Form auf **-нĕ** tritt es in folgenden Verbindungen auf:

Im Ablativ gibt es eine Ursache wieder:

Хăранăран ман сассăм та çĕтрĕ.	Weil ich mich gefürchtet habe, hat meine Stimme versagt / aus Furcht hat meine Stimme versagt.
Пуç ыратнăран эмел парăр-ха.	Geben Sie (mir) bitte ein Medikament, weil (mein) Kopf schmerzt / geben Sie (mir) bitte ein Medikament gegen Kopfschmerzen.

Zudem tritt es im Zusammenhang mit Postpositionen wie **пек**, **таран**, **тăрăх**, **-шĕн**, **хыççăн**, **пирки** und **-пе** auf (vgl. S. 42 ff.):

Эсĕ каланă пек пултăр.	Es soll so sein, wie du gesagt hast.
Эпĕ вăйăм çитнĕ таран ĕçлерĕм.	Ich habe gearbeitet, bis meine Kraft erreicht war = ich habe nach Kräften gearbeitet.
Асатте каланă тăрăх, пирĕн ял çывăхĕнче виçĕ шыв арманĕ пулнă.	Nach dem, was Großvater sagt, gab es in der Nähe unseres Dorfes drei Wassermühlen.
Сирĕнпе паллашнăшăн савăнатăп.	Ich freue mich, dass ich mit Ihnen bekannt geworden bin.
Апат çинĕ хыççăн урама тухрăмăр.	Nachdem wir gegessen hatten, sind wir auf die Straße hinausgegangen.
Çумăр çунă пирки вăрмана каймарăмăр.	Weil es geregnet hat, sind wir nicht in den Wald gegangen.
Эпĕ сире курнăранпа нумай вăхăт иртрĕ.	Es ist viel Zeit vergangen, seit ich euch gesehen habe.

Verbalnomina

B. In seiner um das Possessivsuffix der 3. Person erweiterten Form auf **-ни** kann das Verbalsubstantiv dekliniert wie auch im Zusammenhang mit Postpositionen verwendet werden:

Кун иртет те çул иртет, ĕмĕр иртни сисĕнмест.	Die Tage vergehen und die Jahre vergehen; dass das Leben vergangen ist/vergeht, spürt man nicht.
Мана анне чирлени пăшăрхантарать.	Es beunruhigt mich, dass Mutter erkrankt ist.

Das Verbalsubstantiv tritt auch als Infinitiv auf:

Эрнере 4-5 хут 30-60-шар минут уçăлса çӳрени усăллă.	Es ist nützlich, vier- bis fünfmal in der Woche jeweils 30 bis 60 Minuten spazieren zu gehen.

Es sind vor allem die Verben **аса ил-** *sich merken*, **асăрха-** *bemerken*, **асту-** *sich erinnern*, **илт-** *hören*, **итле-** *anhören*, **кала-** *sagen*, **каласа пар-** *erzählen*, **кăтарт-** *zeigen*, **кур-** *sehen*, **ман-** *vergessen*, **палăрт-** *äußern*, **пĕл-** *wissen*, **пĕлтер-** *mitteilen*, **пурнăçла-** *erfüllen*, **сис-** *spüren*, bei denen das Verbalnomen im Akkusativ steht:

Эпĕ чăвашла вĕреннине пĕлетĕн-и?	Weißt du, dass ich Tschuwaschisch gelernt habe/lerne?
Хăнасем килнине куртăм.	Ich habe gesehen, dass die Gäste gekommen sind.
Асатте пулни-иртни çинчен каланă чух эпĕ вăл каланине яланах тимлесе итлетĕп.	Ich höre immer eifrig zu, was Großvater sagt, wenn er davon erzählt, was sich zugetragen hat.

Auf die gleiche Art werden Sätze wiedergegeben, die deutschen indirekten Fragesätzen entsprechen:

Эпĕ мĕн тунине пĕлетĕн-и?	Weißt du, was ich gemacht habe?
Кам килнине куртăн-и?	Hast du gesehen, wer gekommen ist?
Эпĕ директора мар, вăл ăçта пурăнни çинчен ыйтрăм.	Ich habe nicht nach dem Direktor gefragt; ich habe (darüber) nachgefragt, wo er wohnt.

Neben seiner wörtlichen Bedeutung *mit* werden mit Hilfe der Postposition -**пе** auch Kausalsätze wiedergegeben:

Ĕнсе хыçнипе ĕç пулмасть.	Damit, dass man sich am Genick kratzt, ist die Arbeit nicht getan.
Врач хушнипе туртма пăрахрăм.	Weil der Arzt es befohlen hat, habe ich das Rauchen aufgegeben.
Сана курнипе эпĕ питĕ хĕпĕртерĕм.	Ich habe mich sehr gefreut, dass ich dich gesehen habe.

Adjektive einschließlich **пур** und **çук** dienen als selbständige Verbalnomina:

Пирĕн кӳршĕн çĕнĕ машини пуррине пĕлетĕн-и?	Weißt du, dass unser Nachber ein neues Auto hat?
Килте никам та çуккине куртăм.	Ich habe gesehen, dass niemand zu Hause war.
Ачасем килте маррине куртăм.	Ich habe gesehen, dass die Kinder nicht zu Hause waren.
Çанталăк сивĕ чух ачасем шкула каймаççĕ.	Wenn das Wetter kalt ist, gehen die Kinder nicht zur Schule.
Мана укça кирлĕ чухне эпĕ ытлараx ĕçлеме тăрăшатăп.	Wenn ich Geld brauche, bemühe ich mich, mehr zu arbeiten.
Çанталăк сивĕ пирки ачасем шкула каймарĕç.	Weil das Wetter kalt war, sind die Kinder nicht zur Schule gegangen.

Zur Wiedergabe des Hilfsverbs *sein* dient das Verb **пул-** *werden*:

Мĕншĕн эсир мана хăвăр директор пулнине каламарăр?	Warum haben Sie mir nicht gesagt, dass Sie selbst der Direktor sind?

Daneben verfügt das Tschuwaschische über ein eigenes, im Vergleich zu **пулни** eher statisches Verbalnomen **иккен**:

Юман мĕнле йывăç иккенне пĕлетĕн-и?	Weißt du, was für ein Baum die Eiche ist?

6. Das Verbalnomen auf -мен

Das Verbalnomen auf **-мен** ist die negative Entsprechung des Verbalnomens auf **-нĕ**:

Вĕрмен йытă вăрттăн çыртать.	Ein Hund, der nicht bellt, beißt heimlich.
Пĕлмен кăмпана пуçтарма юрамасть.	Es ist nicht gut, Pilze zu sammeln, die man nicht kennt.
Юлташсемшĕн хăйсемшĕн те ку кĕтмен хыпар пулчĕ.	Auch für die Freunde selbst war dies eine unerwartete Nachricht.
Сана курманни чылай пулать.	Es ist lange her, dass ich dich nicht gesehen habe.
Санран урăх эпĕ никама та юратманнине пĕлетĕн.	Du weißt, dass ich keine(n) andere(n) liebe als dich.
Кĕр çитмен пирки вăрмана кăмпана кайма çук.	Weil der Herbst (noch) nicht gekommen ist, ist es nicht möglich, in den Wald nach Pilzen zu gehen.

Stellt man bejahtes und verneintes Verbalnomen hintereinander und ergänzt die verneinte Form zusätzlich um die Partikel **-ех** (vgl. S. 102), ensteht ein Temporalsatz, der im Deutschen mit *kaum dass* eingeleitet wird:

Амăшĕ пӳрте кĕнĕ-кеменех хĕрĕсем ăна епле кĕтни çинчен калама тытăннă.	Kaum dass ihre Mutter das Haus betreten hatte, fingen ihre Töchter an davon zu sprechen, wie sehr sie auf sie gewartet hatten.
Çумăр çума чарăннă-чарăнманах ача-пăча урамра мечĕкле выляма пухăнатчĕ.	Kaum dass der Regen aufgehört hatte, versammelten sich Kinder, um auf der Straße Ball zu spielen.

6. Das Verbalnomen auf (ø)-ec

Das Verbalnomen auf (ø)-ec ist die futurische Entsprechung des Verbalnomens auf -нĕ; es drückt sowohl als Partizip wie auch als Verbalsubstantiv eine in der nahen oder ferneren Zukunft liegende Handlung aus:

| килес | пĕтерес | кĕтес | ĕçлес | тĕвес |
| канас | парас | каяс | вулас | çăвас |

Манпа телефонпа калаçас пичче ыран пирĕн пата хăнана килет.	Mein Bruder, der mit mir telefonieren wird, kommt morgen zu uns zu Besuch.
Ывăлĕ манпа телефонпа калаçас пичче ыран пирĕн пата хăнана килет.	Mein Bruder, dessen Sohn mit mir telefonieren wird, kommt morgen zu uns zu Besuch.
Эпĕ телефонпа калаçас пичче ыран пирĕн пата хăнана килет.	Mein Bruder, mit dem ich telefonieren werde, kommt morgen zu uns zu Besuch.
Эпĕ ывăлĕпе телефонпа калаçас пичче ыран пирĕн пата хăнана килет.	Mein Bruder, mit dessen Sohn ich telefonieren werde, kommt morgen zu uns zu Besuch.

| Паян çумăр çăвас пек туйăнать. | Es fühlt sich an, als wollte es heute regnen. |

| Хумсем пĕр-пĕрне хăваласа çитес пек васкаççĕ. | Die Wellen eilen wie solche, die einander einholen wollen
= die Wellen eilen, als wollten sie einander einholen. |
| Эсир вăрмана каяс пулсан, эпĕ те сирĕнпе пыратăп. | Wenn ihr welche seid, die in den Wald gehen werden, gehe ich auch mit euch
= wenn ihr die Absicht habt, in den Wald zu gehen, gehe ich auch mit euch. |

Als Subjekt eines Satzes gibt das Verbalsubstantiv auf **(ø)-ec** in Verbindung mit **пул-** *(angezeigt) sein* die Bedeutung *müssen* wieder. Bleibt das Subjekt ungenannt, handelt es sich um eine allgemeine Aussage:

Хăнасене кĕтсе илме ман аэропорта каяс пулать.	Ich muss zum Flughafen fahren, um die Gäste abzuholen.
Пирĕн васкас пулать.	Wir müssen uns beeilen.
Парне илсен тав тăвас пулать.	Wenn man ein Geschenk bekommt, muss man sich bedanken.

Im Zusammenhang mit dem Verb **кил-** *kommen* dient es dazu, einem inneren Bedürfnis Ausdruck zu geben:

Манăн чăвашла калаçма вĕренес килет.	Ich habe den Wunsch, Tschuwaschisch sprechen zu lernen.
Ачан çывăрас килет.	Das Kind möchte schlafen.
Çакнашкал çанталăкра урама та тухас килмест.	Bei einem solchen Wetter hat man nicht das Bedürfnis, auf die Straße hinauszugehen.

Als Objekt eines Satzes kann das Verbalsubstantiv dekliniert werden und im Zusammenhang mit Postpositionen auftreten:

Пурте çуркуннe çитессе кĕтеççĕ.	Alle warten darauf, dass der Frühling kommt.
Ку çын хăй те ватăласса шутламан курăнать.	Dieser Mann sieht aus wie einer, der nicht daran denkt, dass auch er alt werden wird.
Юлташсем пире пулăшасса шанатпăр.	Wir vertrauen darauf, dass unsere Freunde uns helfen werden.
Çывăрса юласран хăратăп.	Ich fürchte, dass ich verschlafen werde.

Durch Verbindungen mit **-пе** und **умӗн** (vgl. S. 43, 46) werden Temporalsätze wiedergegeben:

Хӗвел анаспа çумӑр чарӑнӗ.	Mit dem Sonnenuntergang wird der Regen aufhören = der Regen wird aufhören, sobald die Sonne untergeht.
Кӗр çитеспе вӑрмана кӑмпана тухса каяр.	Lasst uns mit dem Kommen des Herbstes in den Wald nach Pilzen hinausgehen = lasst uns in den Wald nach Pilzen hinausgehen, sobald der Herbst kommt.

Хӗвел тухас умӗн вӑрантӑм.	Ich bin aufgewacht, bevor die Sonne aufgegangen ist.
Каç пулас умӗн хуларан таврантӑмӑр.	Wir sind aus der Stadt zurückgekehrt, bevor es Abend geworden ist.

Wie die übrigen Verbalnomina erhält auch dieses Verbalnomen in konkreten Situationen das Possessivsuffixes der 3. Person.

Пичче пирӗн пата хӑнана килессине пӗлтертӗм.	Ich habe mitgeteilt, dass mein Bruder zu uns zu Besuch kommen wird.
Эпӗ Мускава каясси çинчен шухӑшлатӑп.	Ich denke darüber nach, nach Moskau zu fahren.

Im Nominativ hat es die Bedeutung eines Infinitivs zur Wiedergabe allgemeingültiger Aussagen:

Йывӑç касасси çӑмӑл, ӳстересси йывӑр.	Einen Baum zu fällen ist leicht, ihn wachsen zu lassen ist schwer.
Çиесси çӑмӑл та, ӗçлесси йывӑр.	Zu essen ist leicht, zu arbeiten ist schwer.

Verbalnomina 85

5. Das Verbalnomen auf -мелли

Der Nezessitativ, der zur Bildung einer finiten Verbform auf **-мелле** auslautet (vgl. S. 64), tritt in seinem übrigen Gebrauch als Verbalnomen meist in seiner um das Possessivsuffix der 3. Person zu **-мелли** erweiterten Form auf. Als Partizip gibt er weniger eine Notwendigkeit, als vielmehr eine Norm wieder und erscheint so in zahlreichen festen Verbindungen. Darüberhinaus kann er in individuellen Aussagen auftreten:

килмелли	пĕтермелли	кĕтмелли	ĕçлемелли	тÿмелли
канмалли	памалли	каймалли	вуламалли	çумалли

кĕтмелли зал	Wartesaal
канмалли кун	Ruhetag
çывăрмалли пÿлĕм	Schlafzimmer
такси тăмалли вырăн	Taxistand
автобус чарăнмалли вырăн	Bushaltestelle
велосипедпа çÿремелли çул	Fahrradweg

Паян тумалли ĕçе ырана ан хăвар.	Lasse die Arbeit, die heute zu machen ist, nicht für morgen liegen.

Магазина еçмелли те çимелли илме каятăп.	Ich gehe ins Kaufhaus, um zu essen und zu trinken zu holen.
Нимĕн хăрамалли те çук.	Es gibt nichts zu befürchten.
Ман санпа калаçмалли пур.	Ich habe etwas, das ich mit dir zu besprechen habe.

Кĕриччен малтан ăçтан тухмаллине асăрха!	Bevor du hineingehst, achte zuerst darauf, wo man (wieder) hinauskommt.
Мĕн каламаллине пĕлместĕп.	Ich weiß nicht, was ich sagen soll.
Тумаллине турăм.	Was zu tun war, habe ich getan.
Ку ĕçе мĕнле тумаллине кăтарт.	Zeige mir, wie man diese Arbeit zu machen hat.

X. Konverbien

Konverbien sind Verbformen, die dadurch entstehen, dass man an den Stamm eines Verbs ein bestimmtes Suffix anfügt und sie dann nicht weiter dekliniert oder konjugiert, so dass der Zeitpunkt sowie das Subjekt der auf diese Art wiedergegebenen Handlung erst aus einem folgenden Verb deutlich werden. Durch Konverbien werden im Wesentlichen Sachverhalte wiedergegeben, die deutschen Adverbialsätzen entsprechen (vgl. die Übersicht über die deutschen Nebensätze und ihre tschuwaschischen Entsprechungen im Anhang, S. 124).

1. Das Konverb auf (ø)-e

Dieses Konverb dient der Wiedergabe von Modalsätzen, die im Deutschen durch *indem*, *wobei*, *dadurch dass* oder auch durch ein adverbiales Partizip eingeleitet werden. Abgesehen von einigen erstarrten Formen wie **кура** und **пула** (vgl. S. 47) tritt es meist in verdoppelter Form auf, wodurch die Nebenhandlung intensiviert wird zu *indem immer wieder*, *wobei immerzu*:

киле	пӗтере	кӗте	ӗçле	тӗве
кана	пара	кая	вула	çава

Ачасем кӑшкӑра-кӑшкӑра çурт тавра чупрӗç.	Die Kinder sind immerzu schreiend um das Haus gerannt.
Эпӗ васка-васка урама тухрӑм.	Ich bin eiligst auf die Straße hinausgegangen.
Кула-кула фильм пӑхрӑмӑр.	Wir haben uns unter großem Gelächter einen Film angesehen.
Кенгуру сике-сике чупать.	Das Känguruh läuft, indem es hüpft und hüpft.

2. Verbalkompositionen mit dem Konverb auf (ø)-e

Eine Eigenschaft dieses Konverbs besteht darin, dass es sich mit einigen Verben, die in diesem Zusammenhang zu Hilfsverben werden, zu Verbalkompositionen verbindet.

Um *beginnen zu* auszudrücken, verbindet es sich mit dem Verb **пуçла-**:

| Вăйлă çил вĕре пуçларĕ. | Ein heftiger Wind hat zu wehen angefangen. |

Vermutlich aus einer Verbindung des Konverbs mit dem Verb **ил-** *nehmen* sind die Formen des Possibilitivs **(ø)-е ил- > (ø)-ей-**, bzw. bei Verneinung des Impossibilitivs, entstanden, womit ausgedrückt wird, dass man in einer konkreten Situation in der Lage bzw. nicht in der Lage ist, etwas zu tun:

килей-	пĕтерей-	кĕтей-	ĕçлей-	тĕвей-
канай-	парай-	каяй-	вулай-	çăвай-

Эсир мана ăнланайрăр-и?	Haben Sie mich verstehen können?
Эпĕ сире ăнланаймарăм, каçарăр.	Ich habe Sie nicht verstehen können, verzeihen Sie.

3. Das Konverb auf -ce

Dieses Konverb wird eingesetzt, um bei aufeinanderfolgenden Handlungen, die im Deutschen durch *und* verbunden werden, die Wiederholung gleicher Suffixe zu vermeiden:

килсе	пĕтерсе	кĕтсе	ĕçлесе	тӳсе
канса	парса	кайса	вуласа	çуса

Атьăр кăшт ларса канар.	Auf, setzen wir uns ein wenig und ruhen aus.
Кăшт ларса кантăмăр.	Wir haben uns ein wenig hingesetzt und ausgeruht.

Zudem hat dieses Konverb auch die Funktion des Konverbs auf (ø)-e übernommen:

Ачасем кăшкăрса çурт тавра чупрĕç.	Die Kinder sind schreiend um das Haus gerannt.
Эпĕ васкаса урама тухрăм.	Ich bin eilig auf die Straße hinausgegangen.

Eine häufig gebrauchte Form ist **пулса** in der Bedeutung *in der Eigenschaft als*:

Упăшкăр кам пулса ĕçлет?	Als was arbeitet Ihr Mann?
Ман упăшка учитель пулса ĕçлет.	Mein Mann arbeitet als Lehrer.

4. Verbalkompositionen mit dem Konverb auf -ce

Mit dem Konverb auf **-ce** besitzt das Tschuwaschische eine Fülle an Verbalkompositionen, bei denen die Bedeutung des als Hilfsverb fungierenden Verbs in den meisten Fällen noch spürbar ist:

Пасартан улма-çырла илсе килтĕм.	Ich habe vom Markt Obst geholt und bin gekommen = ich habe vom Markt Obst mitgebracht.

Bei Verben der Bewegung gibt das eine die Art der Bewegung, das andere die Richtung wieder, in die die Bewegung erfolgt:

Кайăксем вĕççе килчĕç.	Die Vögel sind herbeigeflogen.
Кайăксем вĕççе кайрĕç.	Die Vögel sind fortgeflogen.
Кайăксем вĕççе иртрĕç.	Die Vögel sind vorbeigeflogen.

Ачасем чупса кĕчĕç.	Die Kinder sind hereingelaufen.
Ачасем чупса тухрĕç.	Die Kinder sind hinausgelaufen.
Ачасем чупса анчĕç.	Die Kinder sind hinuntergelaufen.
Ачасем чупса хăпарчĕç.	Die Kinder sind hinaufgelaufen.

Durch gegenläufige Bewegungen wird zum Ausdruck gebracht, dass der dazwischen liegende Aufenthalt nicht von langer Dauer ist:

Пасара кайса килтĕм.	Ich bin zum Markt gegangen und gekommen = ich war gerade auf dem Markt.
Çула май юлташсем патне кĕрсе тухрăм.	Unterwegs bin ich bei Freunden hinein- und hinausgegangen = unterwegs habe ich bei Freunden vorbeigeschaut.

Die Verben **вырт-** *liegen*, **лар-** *sitzen*, **çÿре-** *gehen* und **тăр-** *stehen* geben in erster Linie die Körperhaltung beim Ausüben der geschilderten Tätigkeit wieder. Daneben können sie auch beinhalten, dass sich die beschriebene Handlung über einen längeren Zeitraum erstreckt oder regelmäßig erfolgt. Das Verb **лар-** *sitzen* wird auch verwendet, um auszudrücken, dass etwas seine Tätigkeit vorübergehend eingestellt hat:

Ванюк нумайччен сывăраймасăр шухăшласа выртрĕ.	Wanjuk lag lange in Gedanken da, ohne schlafen zu können.
Çеçен хир вĕçĕ-хĕррисĕр сарăлса выртать.	Die Steppe liegt endlos ausgebreitet da.

Ачасем музыка итлесе лараççĕ.	Die Kinder hören Musik.
Юлташсемпе нумайччен калаçса лартăмăр.	Wir haben uns lange mit Freunden unterhalten.
Ман сехет чарăнса ларнă.	Meine Uhr ist stehen geblieben.

Эпĕ сумкăма шыраса çÿретĕп.	Ich suche meine Tasche.
Эсир урăх çĕршывсене кайса сÿренĕ-и?	Sind Sie (schon einmal) in andere Länder gereist?
Юлташ пирĕн пата час-часах килсе çÿрет.	Mein Freund besucht uns regelmäßig.

Лере кайса тăрăр.	Geht dorthin und bleibt stehen.
Пире çакăнта кĕтсе тăрăр-ха.	Wartet bitte hier auf uns.
Атте хаçат вуласа тăрать.	Mein Vater liest regelmäßig Zeitung.

Durch die Verben **ил-** *nehmen* und **пар-** *geben* wird verdeutlicht, dass die wiedergegebene Handlung zugunsten einer Person erfolgt:

| Сирĕн адреса çырса илтĕм. | Ich habe (mir) Ihre Adresse aufgeschrieben. |
| Хăвăрăн адреса çырса парăр, тархасшăн. | Schreiben Sie (mir) bitte Ihre Adresse auf. |

Das Verb **кай-** *weggehen* gibt nicht nur eine räumliche Bewegung vom Standort des Sprechers fort wieder; es drückt auch eine plötzlich eingetretene Veränderung aus, über die der Sprecher keine Kontrolle hat:

| Стакан ÿкрĕ те ванса кайрĕ. | Das Glas ist heruntergefallen und zerbrochen. |
| Эпĕ çăкăр илме манса кайнă. | Ich habe völlig vergessen, Brot zu holen. |

Das Verb **пăрах-** *werfen* zeigt an, dass die Handlung von einer heftigen Bewegung begleitet, plötzlich, unkontrolliert oder auch gründlich durchgeführt wurde:

Вĕсем йывăça касса пăрахнă.	Sie haben den Baum gefällt.
Çанталăк сивĕтсе пăрахрĕ.	Das Wetter ist schlagartig kalt geworden.
Ванюкпа Верук пĕр-пĕрне юратса пăрахрĕç.	Wanjuk und Vera haben sich heftig ineinander verliebt.

Verbunden mit **пăх-** *schauen* entsteht die Bedeutung *probieren, versuchen*:

| Костюма тăхăнса пăхма юрать-и? | Kann man das Kostüm anprobieren? |
| Эсир Купăста яшкине çисе пăхнă-и? | Haben Sie (schon einmal) Kohlsuppe probiert? |

Das Verb **пĕтер-** *beenden* bringt zum Ausdruck, dass die beschriebene Handlung bis zu Ende durchgeführt wurde:

| Кĕнекене вуласа пĕтертĕм. | Ich habe das Buch zu Ende gelesen. |
| Билетсене сутса пĕтернĕ. | Sie haben die Karten ausverkauft. |

Neben seiner räumlichen Bewegung hebt das Verb **пыр-** *(hin)gehen* hervor, dass die beschriebene Handlung schrittweise erfolgt:

Çанталăк улшăнса пырать.	Das Wetter ändert sich allmählich.
Хула ÿссе пырать.	Die Stadt wächst zusehends.

Mit Hilfe des Verbs **çит-** *erreichen, ankommen* wird ausgedrückt, dass ein angestrebtes Ziel erreicht wurde:

Эпĕ чăвашла вĕренсе çитрĕм.	Ich habe Tschuwaschisch gelernt.

Durch **тух-** *hinausgehen, herauskommen* kann neben seiner wörtlichen Bedeutung zum Ausdruck gebracht werden, dass eine Handlung mehr oder weniger sorgfältig vom Anfang bis zum Ende durchgeführt wurde:

Паянхи хаçата вуласа тухрăн-и?	Hast du die heutige Zeitung durchgelesen?

Die Verwendung des Verbs **хур-** *setzen, stellen, legen* verleiht der beschriebenen Handlung einen gewissen Nachdruck:

Алăка питĕрсе хутăм.	Ich habe die Tür abgeschlossen.
Япаласене чăматана пуçтарса хурăр.	Packen Sie die Sachen in den Koffer.

Das Verb **юл-** *bleiben* gibt das Andauern eines eingetretenen Zustandes wieder:

Кĕнеке сĕтел çинче выртса юлчĕ.	Das Buch ist auf dem Tisch liegen geblieben.
Коля çывăрса юлнă та урока ĕлкĕреймен.	Kolja hat verschlafen und hat es nicht zum Unterricht geschafft.

Das Verb **яр-** *schicken, loslassen* drückt aus, dass die Handlung plötzlich und unerwartet einsetzt:

Хĕрсем кулса ячĕç.	Die Mädchen sind in Gelächter ausgebrochen.

5. Die Form тесе

Eine besondere Funktion erfüllt die Konverbform **тесе** des Verbs **те-** *sagen*. Hierbei sind zwei grundlegende Dinge vorauszuschicken: Zum einen bevorzugt das Tschuwaschische die Wiedergabe direkter Reden, zum anderen hat auf eine solche direkte Rede eine Form des Verbs **те-** zu folgen:

Сан пиччӳ мӗн терӗ?	Was hat dein Bruder gesagt?
Вӑл библиотекӑна каятӑп терӗ.	Er hat gesagt: „Ich gehe in die Bibliothek" = er hat gesagt, dass er in die Bibliothek geht.

Soll auf das Zitat ein anderes Verb folgen, wird als Verbindung die Form **тесе** eingeschoben. Zitatzeichen oder Gedankenstriche, innerhalb derer das Zitat steht, werden in den tschuwaschischen Texten nicht immer gesetzt. Die Form **тесе** ist in einem solchen Fall der einzige Hinweis darauf, dass an dieser Stelle ein Zitat endet; der Beginn des Zitats muss aus dem Kontext erschlossen werden:

Мана Лена тесе чӗнеççӗ.	Sie rufen mich, indem sie „Lena" sagen = sie nennen mich Lena.
Пӗлместӗп тесе калaрӑм-çке сана.	Ich habe dir doch gesagt: „Ich weiß es nicht" = ich habe dir doch gesagt, dass ich es nicht weiß.
Учитель манран вырӑсла пӗле-тӗн-и тесе ыйтрӗ.	Der Lehrer hat mich gefragt: „Kannst du Russisch?" = der Lehrer hat mich gefragt, ob ich Russisch kann.

Ist im Zitat das Futur auf **(ø)-ec** oder ein Imperativ enthalten, handelt es sich um einen Finalsatz:

Эпӗ санпа курнӑçас тесе васкарӑм.	Ich habe mich beeilt, indem ich sagte: „Ich werde dich treffen" = ich habe mich beeilt, damit ich dich treffe.

| Çынсем мана ан курччăр тесе, вăрманпа пытăм. | Indem ich (mir) sagte: „Die Menschen sollen mich nicht sehen", bin ich durch den Wald gegangen
= ich bin durch den Wald gegangen, damit die Menschen mich nicht sehen. |

Enthält das Zitat die Begründung für die anschließende Handlung, kann es sich um einen Kausalsatz handeln:

| Манăн чăвашла калаçма вĕренес килет тесе чăваш чĕлхине тăрăшса вĕренетĕп. | Indem ich (mir) sage: „Ich habe Lust, Tschuwaschisch sprechen zu lernen", lerne ich fleißig die tschuwaschische Sprache.
= ich lerne fleißig die tschuwaschische Sprache, weil ich Lust habe, Tschuwaschisch sprechen zu lernen. |

6. Das Konverb auf -месĕр

Diese Form setzt sich zusammen aus dem Infinitiv auf **-ме** (vgl. S. 73) und dem Suffix **-сĕр** *ohne* (vgl. S. 104). Sie kann noch um die Partikel **-(е)х** (vgl. S. 102) ergänzt werden und dient der Wiedergabe von Modalsätzen, die im Deutschen mit *ohne zu*, bei verneintem Prädikat auch mit *solange nicht, ehe nicht* beginnen:

килмесĕр	пĕтермесĕр	кĕтмесĕр	ĕçлемесĕр	тӳмесĕр
канмасăр	памасăр	каймасăр	вуламасăр	çумасăр

Эпĕ васкамасăр урама тухрăм.	Ich bin auf die Straße hinausgegangen, ohne mich zu beeilen.
Шыва кĕмесĕр ишме вĕренеймесгĕн.	Ohne ins Wasser zu gehen, kannst du nicht schwimmen lernen.
Упине тытмасăр тирне ан сут.	Solange du den Bären nicht gefangen hast, verkaufe nicht sein Fell.
Ĕçне тумасăрах ан мухтан.	Lobe dich nicht, solange du die Arbeit nicht gemacht hast.

7. Das Konverb auf -мессерен

Zur Bildung dieses Konverbs wird der Infinitiv auf **-ме** um die suffigierte Postposition **-серен** (vgl. S. 43) ergänzt. Es ensteht ein Temporalsatz, der im Deutschen mit *jedes Mal, wenn* eingeleitet wird:

килмессерен	пĕтермессерен	кĕтмессерен	ĕçлемессерен	тӳмессерен
канмассерен	памассерен	каймассерен	вуламассерен	çумассерен

Анне пасара каймассерен пирĕн валли улма-çырла илсе таврăнать.	Jedes Mal, wenn (unsere) Mutter zum Markt geht, kommt sie mit Obst für uns zurück.
Хулана килмессерен юлташсем патне кĕрсе тухрăм.	Jedes Mal, wenn ich in die Stadt komme, schaue ich bei Freunden vorbei.

8. Das Konverb auf -нĕçемĕн

Dieses Konverb dient der Wiedergabe von Modalsätzen, die im Deutschen durch *in dem Maße wie, je ... desto* eingeleitet werden; wie **-серен** behält auch **-çемĕн** seine hellen Vokale bei:

килнĕçемĕн	пĕтернĕçемĕн	кĕтнĕçемĕн	ĕçленĕçемĕн	тӳнĕçемĕн
каннăçемĕн	панăçемĕн	кайнăçемĕн	вуланăçемĕн	çунăçемĕн

Каç пулнăçемĕн сулхăнланса пырать.	Je mehr es Abend wird, umso kühler wird es.
Ку кĕнекене вуланăçемĕн вулас килет.	Je länger man dieses Buch liest, umso mehr bekommt man Lust, es zu lesen.
Ял патнелле çывхарнăçемĕн ытларах пăлханса пытăмăр.	Je näher wir in Richtung des Dorfes kamen, umso aufgeregter sind wir geworden.
Çил вăйланнăçемĕн вăйланса пырать	Je heftiger der Wind wird, umso heftiger wird er = der Wind wird immer heftiger.

9. Das Konverb auf -сен

Durch dieses Konverb sowie seine relativ selten verwendete Nebenform auf -сессĕн werden sowohl Temporalsätze wie auch Konditionalsätze wiedergegeben:

килсен	пĕтерсен	кĕтсен	ĕçлесен	тӳсен
килсессĕн	пĕтерсессĕн	кĕтсессĕн	ĕçлесессĕн	тӳсессĕн
кансан	парсан	кайсан	вуласан	çусан
кансассăн	парсассăн	кайсассăн	вуласассăн	çусассăн

In seiner temporalen Bedeutung bildet das Konverb auf -сен Sätze, die im Deutschen mit *sobald, wenn, als* beginnen:

| Ĕçрен таврăнсан апата ларатпăр. | Wenn/sobald wir von der Arbeit zurückkommen, setzen wir uns zu Tisch. |

Ist das Subjekt der Nebenhandlung ein anderes als das der Haupthandlung, wird es an den Satzanfang gestellt:

| Атте ĕçрен таврăнсан апата лартăмăр. | Als Vater von der Arbeit zurückgekommen ist, haben wir uns zu Tisch gesetzt. |
| Концерт вĕçленнĕ хыççăн çур сехет иртсен юлташсемпе тĕл пултăмăр. | Als, nachdem das Konzert zu Ende war, eine halbe Stunde vergangen war, haben wir uns mit Freunden getroffen = eine halbe Stunde, nachdem das Konzert zu Ende war, haben wir uns mit Freunden getroffen. |

Bei Anfügen der Partikel **-ех** (vgl. S. 102) entsteht die Bedeutung *sowie, kaum dass*:

| Атте ĕçрен таврăнсанах апата лартăмăр. | Sowie Vater von der Arbeit zurückgekommen ist, haben wir uns zu Tisch gesetzt. |

Als konditionale Verbform dient das Konverb der Wiedergabe sowohl eines realen wie auch eines potentialen oder irrealen Konditionalsatzes; allein die Form des Prädikats gibt darüber Auskunft, um welche Art von Konditionalsatz es sich handelt. Bei realen oder potentialen Konditionalsätzen bilden das Präsens-Futur, das unbestimmte Futur oder auch ein Imperativ oder Optativ das Prädikat des Hauptsatzes:

Эсир вăрмана кайсан, эпĕ те сирĕнпе пыратăп.	Wenn ihr in den Wald geht, gehe ich auch mit euch mit.
Эсир вăрмана кайсан, эпĕ те сирĕнпе пырăп.	Falls ihr in den Wald gehen solltet, gehe ich vielleicht auch mit euch mit.

Beim irrealen Konditional ist das Prädikat des Satzes die Verbindung des unbestimmten Futur mit den perfektischen Personalendungen (vgl. S. 70), im Fall der Vorzeitigkeit das Partizip Perfekt auf **-нĕ**, gefolgt von der entsprechenden Form des Verbs **пул-**:

Эсир вăрмана кайсан, эпĕ те сирĕнпе пырăттăм.	Wenn ihr in den Wald ginget, würde ich auch mit euch mitgehen.
Эсир вăрмана кайсан, эпĕ те сирĕнпе пынă пулăттăм.	Wenn ihr in den Wald gegangen wärt, wäre ich auch mit euch mitgegangen.

Vorzeitigkeit und Nachzeitigkeit sowie weitere Möglichkeiten der Differenzierung lassen sich bilden, indem man **пулсан** hinter das Präsens-Futur oder einzelne Partizipien des Vollverbs stellt:

... пулсан	wenn er einer ist, der ...	
каять	... geht	= wenn er (jetzt) geht
каяс	... gehen wird/will	= wenn er gehen wird/will
каясшăн	... dafür ist, zu gehen	= wenn er gehen möchte
каймалла	... gehen soll	= wenn er gehen muss
кайнă/кайман	... (nicht) gegangen ist	= wenn er (nicht) gegangen ist

Эсир вăрмана каятăр пулсан, эпĕ те сирĕнпе пыратăп.	Wenn ihr (jetzt) in den Wald geht, gehe ich auch mit euch mit.
Эсир вăрмана каяс пулсан, эпĕ те сирĕнпе пырăп.	Falls ihr die Absicht habt, in den Wald zu gehen, gehe ich vielleicht auch mit euch mit.

| Эсир вăрмана каяс пулсан, эпĕ те сирĕнпе пырăттăм. | Wenn ihr die Absicht hättet, in den Wald zu gehen, würde ich auch mit euch mitgehen. |
| Эсир вăрмана каяс пулсан, эпĕ те сирĕнпе пынă пулăттăм. | Wenn ihr die Absicht gehabt hättet, in den Wald zu gehen, wäre ich auch mit euch mitgegangen. |

| Эсир вăрмана кайнă пулсан, мĕншĕн кăмпа татса килмерĕр? | Wenn ihr in den Wald gegangen seid, warum habt ihr (dann) keine Pilze gesammelt und mitgebracht? |
| Эсир вăрмана кайнă пулсан, эпĕ те сирĕнпе пынă пулăттăм. | Wenn ihr in den Wald gegangen wärt, wäre ich auch mit euch mitgegangen. |

Folgt auf eine konditionale Verbform die Konjunktion **те** *auch*, entsteht ein Konzessivsatz. In diesem Kontext kann als Entsprechung des Hilfsverbs *sein* neben **пулсан** auch die sonst sehr selten verwendete Form **пулин** *er sei* stehen:

Кĕркунне пулсан та тÿпе тăрă/ кĕркунне пулин те тÿпе тăрă.	Wenn es auch Herbst ist, so ist doch der Himmel klar.
Васкасан та, ан хыпалан.	Wenn du auch in Eile bist, beeile dich nicht.
Пуçна çухатсан та чысна ан çухат.	Wenn du auch deinen Kopf verlierst, verliere nicht deine Ehre.

Schließlich verwenden auch verallgemeinernde Relativsätze, die im Deutschen durch Fragewörter eingeleitet werden, im Tschuwaschischen eine konditionale Verbform:

Кирек мĕнле инкек пулсан та, пыр ман патне — эпĕ сана пулăшатăп.	Wie unglücklich du auch sein magst, komme zu mir, ich helfe dir.
Кирек кам пулсан та юрĕ.	Wer du auch sein magst; es ist in Ordnung.
Эсĕ хăш вăхăтра килсен те сетел çинче эпĕ хатĕрлесе лартнă апат сана кĕтет.	Zu welcher Zeit du auch kommen magst; auf dem Tisch wartet das Essen auf dich, das ich vorbereitet (und hingestellt) habe.

10. Das Konverb auf (ø)-иччен

Das Konverb auf (ø)-иччен, das nicht der Vokalharmonie folgt, dient der Wiedergabe vom Temporalsätzen, die im Deutschen durch *bis* oder auch *bevor* eingeleitet werden.

киличчен	пётериччен	кётиччен	ёсличчен	тёвиччен
каниччен	париччен	кайиччен	вуличчен	çăвиччен

Эпĕ Канашра çуралнă, вунă çула çитиччен унта пурăннă.	Ich bin in Kanasch geboren; ich habe dort gelebt, bis ich das zehnte Lebensjahr erreicht hatte.
Тепре куриччен.	Bis man (sich) wieder sieht/ auf Wiedersehen.

Кĕриччен малтан ăçтан тухмаллине асăрха.	Bevor du hineingehst, achte zuerst darauf, wo man (wieder) hinauskommt.
Сăмаха каличчен пуç таврă виççĕ çавăрса шухăшла.	Bevor du ein Wort sagst, lass es dir dreimal durch den Kopf gehen.
Концерт пуçланиччен çур сехет малтан юлташсемпе тĕл пултăмăр.	Wir haben uns eine halbe Stunde, bevor das Konzert angefangen hat, mit Freunden getroffen.

Ist das Prädikat des Satzes verneint, erhält das Konverb die Bedeutung *ehe nicht*, *solange nicht*:

Вĕренсе пĕтериччен авланмастăп.	Ehe ich nicht zu Ende studiert habe, werde ich nicht heiraten.

Durch das Konverb auf (ø)-иччен werden des Weiteren Modalsätze wiedergegeben, die im Deutschen mit *statt zu* beginnen:

Ахаль лариччен вăрмана каяр.	Statt einfach herumzusitzen, lasst uns in den Wald gehen.
Кив çуртна пăсиччен çĕннине ларт.	Statt dein altes Haus zu zerstören, baue (wörtl.: setze) ein neues.

XI. Konjunktionen

Die am häufigsten verwendeten Konjunktionen sind:

те *und, auch*:

Пирĕн икĕ хĕр те пĕр ывăл пур.	Wir haben zwei Töchter und einen Sohn.
Сивĕ сăмах çулла та сивĕ.	Ein kaltes Wort ist auch im Sommer kalt.

Durch die Postposition **-пе** *mit* (vgl. S. 42) wird eine stärkere Gemeinsamkeit als durch **те** zum Ausdruck gebracht. Stehen beide Substantive im gleichen Kasus, wird nur das zweite Substantiv dekliniert:

Ман аттепе анне ялта пурăнаççĕ.	Mein Vater und meine Mutter leben im Dorf.
Ĕнер аçупа аннÿне куртăм.	Gestern habe ich deinen Vater und deine Mutter gesehen.

тата *und auch, und noch, noch mehr*:

Ку ялта чăвашсем, тутарсем тата вырăссем пурăнаççĕ.	In diesem Dorf leben Tschuwaschen, Tataren und auch Russen.
Ман тата тăватă çул вĕренмелле.	Ich muss noch vier Jahre studieren.

те ... те *sowohl ... als auch*; bei Verneinung *weder ... noch*:

Пирĕн хĕр те ывăл та пур.	Wir haben sowohl eine Tochter als auch einen Sohn.
Пирĕн хĕр те ывăл та çук.	Wir haben weder eine Tochter noch einen Sohn.

Konjunktionen

е *oder*:

Эсир хваттерте е хăвăр çуртра пурăнатăр?	Wohnen Sie in einer Wohnung oder im eigenen Haus?
Эсир ăçта ĕçлетĕр е вĕренетĕр?	Wo arbeiten oder studieren Sie?

е ... е *entweder ... oder*:

Пирĕн ывăл е паян е ыран хуларан таврăнмалла.	Unser Sohn sollte heute oder morgen aus der Stadt zurückkehren.

анчах *aber, (je)doch*:

Эпĕ чăваш мар, анчах чăвашла ăнланатăп.	Ich bin kein Tschuwasche, aber ich verstehe Tschuwaschisch.
Хĕвел анчĕ, анчах çутă-ха.	Die Sonne ist untergegangen, aber es ist noch hell.

Das aus dem Persischen stammende Wort **эхер** *wenn* kann an den Beginn von Konditionalsätzen gestellt werden, um von Anfang an deutlich zu machen, dass ein Konditionalsatz folgt:

Эхер эсир вăрмана кайсан, эпĕ те сирĕнпе пыратăп.	Wenn ihr in den Wald geht, gehe ich auch mit euch mit.

мĕншĕн тесен *denn* (wörtl.: *wenn du sagst: „warum"*)

Хура çăкăра ыраш çăкри теççĕ, мĕншĕн тесен ăна ырашран пĕçереççĕ.	Sie nennen das schwarze Brot Roggenbrot, denn sie backen es aus Roggen.

çавăнпа *deshalb*:

Хура çăкăра ырашран пĕçереççĕ, çавăнпа ăна ыраш çăкри теççĕ.	Sie backen das schwarze Brot aus Roggen, deshalb nennen sie es Roggenbrot.

XII. Partikeln

Allen Partikeln ist gemeinsam, dass sie direkt hinter dem Wort stehen, auf das sie sich beziehen, und gleichzeitig die Betonung auf die jeweils letzte Silbe des unmittelbar vorausgehenden Wortes ziehen.

Durch die Partikeln **анчах**, **кăна**, **çеç** *gerade, nur, erst* wird eine Aussage eingeschränkt:

Шăллăм анчах тухса кайрĕ.	Mein jüngerer Bruder ist gerade eben hinausgegangen.
Кун çинчен эпĕ кăна пĕлетĕп.	Davon weiß nur ich.
Сана çеç калатăп.	Ich sage es nur dir.

тин *erst*; **тин çеç** *gerade erst*:

Хăлхуна ан ĕнен, куçупа курсан тин ĕнен.	Glaube nicht deinen Ohren, glaube erst, wenn du es mit deinen Augen siehst.
Мана хама та ку хыпара тин çеç пĕлтерчĕç.	Mir haben sie diese Nachricht auch eben erst mitgeteilt.

Der Verstärkung von Aussagen dienen die Partikeln **вĕт**, **те** sowie **-çке**, das nicht der Vokalharmonie unterliegt:

Илтеймерĕм вĕт.	Ich habe es doch nicht hören können.
Эпĕ сана асăрхамарăм та.	Ich habe dich ja gar nicht bemerkt.
Пĕлместĕп тесе каларăм-çке сана.	Ich habe dir doch gesagt, dass ich es nicht weiß.

Für Fragen, die mit *ja* oder *nein* beantwortet werden, verwendet das Tschuwaschische die Partikeln **-и**, **-ши** oder **-им** (vgl. hierzu S. 33):

Чăвашла пĕлетĕр-и?	Können Sie Tschuwaschisch?
Сиртен ыйтма юрать-ши?	Dürfte man Sie etwas fragen?
Сан юлташусем çук-им?	Hast du denn keine Freunde?

Durch **вара** *denn* werden Fragen aufgelockert:

| Эпĕ Ванюк, эсĕ вара кам? | Ich bin Wanjuk, wer bist denn du? |

Die Partikel **-(e)x** dient der Auflockerung eines Satzes und kann an nahezu jedes Wort angefügt werden:

Ачасем килтех.	Die Kinder sind sicherlich zu Hause.
Пирĕн çурт пысăках мар.	Unser Haus ist nicht besonders groß.
Хăнасем килнĕренпе нумаях та вăхăт иртмерĕ.	Seit die Gäste gekommen sind, ist nicht gerade viel Zeit vergangen.

ĕнтĕ *schon*:

| Эпир яла çитнĕ чухне каç пулнăччĕ ĕнтĕ. | Als wir das Dorf erreichten, war es schon Abend geworden. |

Durch die Dubitativpartikel **иккен** macht der Sprecher deutlich, dass es sich bei seiner Äußerung nicht um die Schilderung eines Sachverhalts, sondern um seine Vermutung bzw. um seinen persönlichen Eindruck handelt:

Эсир чăваш мар иккен.	Sie scheinen kein Tschuwasche zu sein.
Пирĕн кÿршĕ пĕччен пурăнать иккен.	Es scheint, dass unser Nachbar alleine lebt.
Эпĕ тĕрĕсех килтĕм иккен.	Wie es scheint, bin ich genau richtig gekommen.

Die Partikel **-ха** *noch, doch* hat einerseits die Bedeutung *noch*; andererseits dient sie dazu, eine Aufforderungsform etwas abzuschwächen:

Эсир апат çимен-и-ха?	Habt ihr noch nicht gegessen?
Пулăшăр-ха мана, тархасшăн!	Helfen Sie mir doch bitte!

„Пăхăр-ха, ку шĕлепкепе эпĕ çамрăклансах кайрăм."	„Schauen Sie doch, mit diesem Hut habe ich mich richtig verjüngt."
„Эсир миçе çулта вара?"	„Wie alt sind Sie denn?"
„Шĕлепкепе-и е шĕлепкесĕр-и?"	„Mit Hut oder ohne Hut?"

XIII. Wortbildung

Das Tschuwaschische besitzt eine große Anzahl von Suffixen zur Bildung von Substantiven, Adjektiven, Adverbien und Verbstämmen auf der Basis bereits existierender Substantive, Adjektive, Adverbien und Verbstämme. Dabei kann es vielfach zu Suffixhäufungen kommen, denn gerade im Bereich der Wortbildung zeigt sich die Vorliebe für den geradezu spielerischen Umgang mit Suffixen, der alle Turksprachen auszeichnet.

1. Substantive auf -ÿ, nach Vokal -в

Durch Anfügen von **-ÿ/y**, nach Vokal **-в,** an Verbstämme werden Substantive gebildet:

вĕрен-	lernen, studieren	вĕренÿ	Studium
сут-	verkaufen	суту	Verkauf
юрат-	lieben	юрату	Liebe
кала-	sagen	калав	Erzählung
суйла-	wählen	суйлав	Wahl
тÿле-	bezahlen	тÿлев	Gebühr

2. Substantive auf -çĕ

Das Suffix **-çĕ** wird an Substantive angefügt; das so entstehende Wort bezeichnet eine Person, die sich berufs- oder gewohnheitsmäßig mit dem durch das Substantiv bezeichneten Begriff beschäftigt:

тимĕр	Eisen	тимĕрçĕ	Schmied
пулă	Fisch	пулăçă	Fischer
юрă	Lied	юрăçă	Sänger

суту	Verkauf	сутуçă	Verkäufer
калав	Erzählung	калавçă	Erzähler
суйлав	Wahl	суйлавçă	Wähler

3. Substantive auf -скер

Dieses Suffix unterliegt nicht der Vokalharmonie. Mit seiner Hilfe wird eine nicht konkrete Person bezeichnet:

çампăк	jung	çампăкскер	ein Junger
вуннăра	zehn Jahre alt	вуннăраскер	ein Zehnjähriger
ялтан	aus dem Dorf	ялтанскер	einer aus dem Dorf
вулакан	lesend	вуланскер	einer, der liest
вуланă	gelesen habend	вуланăскер	einer, der gelesen hat

4. Adjektive auf -(л)лĕ

Mit Hilfe des Suffixes -лĕ, nach Vokal -ллĕ, werden aus Substantiven Adjektive gebildet:

ирĕк(лĕх)	Freiheit	ирĕклĕ	frei
вăй	Kraft	вăйлă	kräftig
усă	Nutzen	усăллă	nützlich
чăтăм	Geduld	чăтăмлă	geduldig

5. Adjektive auf -сĕр

Dieses Suffix ist die negative Entsprechung des Suffixes -(л)лĕ. Es entspricht sowohl der deutschen Präposition *ohne* wie auch der Anfangssilbe *un-* und der Endung *-los*:

ирĕк(лĕх)	Freiheit	ирĕксĕр	unfrei
вăй	Kraft	вăйсăр	kraftlos
усă	Nutzen	усăсăр	nutzlos
чăтăм	Geduld	чăтăмсăр	ungeduldig

Fügt man das Suffix -сĕр an Zeitbegriffe, entsteht bei verneintem Prädikat ein Satz, der im Deutschen mit *nicht vor* eingeleitet wird:

Магазина тăхăр сехетсĕр уçмаççĕ.	Sie öffnen das Kaufhaus nicht vor neun Uhr.

| Атте киле каҫҫӑр таврӑнмасть. | (Mein) Vater kehrt nicht vor dem Abend nach Hause zurück. |
| Эпĕ каҫхине вунпĕрсĕр выртмастӑп. | Ich lege mich abends nicht vor elf Uhr hin. |

6. Substantive und Adjektive auf -лӑх

Mit Hilfe des Suffixes **-лӑх** werden in erster Linie Abstrakta gebildet, die im Deutschen mehrheitlich auf *-heit, -keit, -schaft* oder *-tum* enden:

ача	Kind	ачалӑх	Kindheit
ĕҫчен	fleißig	ĕҫченлĕх	Fleiß
пуян	reich	пуянлӑх	Reichtum
ҫамрӑк	jugendlich	ҫамрӑклӑх	Jugend
тус	Freund	туслӑх	Freundschaft
ĕҫсĕр	arbeitslos	ĕҫсĕрлĕх	Arbeitslosigkeit
таса	sauber	тасалӑх	Sauberkeit
чее	schlau, listig	чеелĕх	Schlauheit

Das Suffix **-лӑх** dient auch zur Bezeichnung eines räumlichen Gebiets sowie vereinzelt zur Bildung von Begriffen des täglichen Gebrauchs:

юман	Eiche	юманлӑх	Eichenwald
хурӑн	Birke	хурӑнлӑх	Birkenwald
куҫ	Auge	куҫлӑх	Brille

An Zeitbegriffe angefügt gibt es eine Zeitspanne wieder:

| Шупашкара виҫĕ уйӑхлӑха килтĕм. | Ich bin für die Dauer von drei Monaten nach Tscheboksary gekommen. |

Schließlich bildet es Adjektive, die in stärkerem Maße als diejenigen auf **-(л)лӗ** die Zugehörigkeit zu dem jeweiligen Begriff ausdrücken:

тӑватӑ ҫынлӑх сĕтел	ein Tisch für vier Personen
пин тенкĕлĕх ҫул чекĕ	ein Reisescheck über tausend Tenge
виҫĕ эрнелĕх экскурси	eine dreiwöchige Exkursion

7. Das Zugehörigkeitssuffix -хи

Das Suffix **-хи** tritt an Substantive und Adverbien mit zeitlicher Bedeutung an und bildet auf diese Art Adjektive:

ĕнер	gestern	ĕнерхи	gestrig
паян	heute	паянхи	heutig
ыран	morgen	ыранхи	morgig
ир	Morgen	ирхи	morgendlich
каç	Abend	каçхи	abendlich

Паянхи ĕçе ырана ан хăвар.	Hebe die heutige Arbeit nicht für morgen auf.

Werden sie wie Substantive dekliniert, erhalten sie vor dem Lokativ und Ablativ ein zusätzliches **н**:

Ĕнер çинĕ пан улми паянхинчен пылакчĕ.	Der Apfel, den man gestern gegessen hat, war süßer als der heutige.
Паянхи çумăр ĕнерхинчен те вăйлăрах.	Der heutige Regen ist noch stärker als der gestrige.

Beim Anfügen an den Lokativ ist der Vokal des Lokativsuffixes mit dem Zugehörigkeitssuffix zu **-и** verschmolzen; auf diese Art entstehen Adjektive, die das Vorhandensein an einem Ort zum Ausdruck bringen:

кунта	hier	кунти	hiesiger
малта	vorne	малти	vorderer
кайра	hinten	кайри	hinterer

пÿлĕмре	im Zimmer	пÿлĕмри	im Zimmer befindlich
хулара	in der Stadt	хулари	in der Stadt befindlich
килте	zu Hause	килти	zu Hause befindlich
вăрманта	im Wald	вăрманти	im Wald befindlich

Сирĕн кунти халăх апачĕсем пур-и?	Haben Sie hiesige Nationalgerichte?

Шупашкарти чи илемлĕ урам хăшĕ?	Welches ist die schönste Straße in Tscheboksary?
Сĕтел çинчи кĕнеке камăн?	Wem gehört das Buch auf dem Tisch?
Килтисене манран пурне те салам кала.	Sage denen zu Hause allen einen Gruß von mir.

Fügt man das Zugehörigkeitssuffix an den Genitiv an, entstehen substantivierte Possessive. Auch hier ist es zu einer Verschmelzung gekommen; damit sind die Bildungen formal mit Possessiven der 3. Person identisch:

манăн	mein	манăнни	der meinige
аттен	des Vaters	аттенни	derjenige des Vaters

Хăвăрăннисене те манран салам калăр.	Sagt den eurigen einen Gruß von mir.
Эпĕ Ванюкăн тетрадьне илтĕм, санăннине мар.	Ich habe Wanjuks Heft genommen, nicht deines.
Ку кĕнеке камăннине пĕлетĕн-и?	Weißt du, wem dieses Buch gehört?

8. Das Äquativsuffix -(л)ле

Das Suffix **-ле**, nach Vokal **-лле**, entspricht den deutschen Präpositionen *(nach Art) wie, (so viel) wie, gemäß*. Es dient zum Ausdruck der Qualität einer Person, Sache oder Handlung wie auch dazu, aus Adjektiven Adverbien zu bilden:

Ачалла савăнтăмăр.	Wir haben uns gefreut wie Kinder.

Durch Anfügung an Nationalitätsbezeichnungen entstehen die dazugehörigen Sprachbezeichnungen:

чăваш	Tschuwasche	чăвашла	auf Tschuwaschisch
вырăс	Russe	вырăсла	auf Russisch
нимĕç	Deutscher	нимĕçле	auf Deutsch
акăлчан	Engländer	акăлчанла	auf Englisch

| Чăвашла пĕлетĕр-и? | Können Sie Tschuwaschisch? |
| Сирĕн чăвашла-нимĕçле словарь пур-и? | Haben Sie ein tschuwaschisch-deutsches Wörterbuch? |

Auch das Spiel, das man spielt, erhält das Äquativsuffix:

| Шахматла вылятпăр. | Wir spielen Schach. |

An das Dativsuffix angefügt, drückt es eine räumliche Bewegung in eine bestimmte Richtung aus:

| Кăйаксем ăçталла вĕçсе кайрĕç? | In welche Richtung sind die Vögel davongeflogen? |
| Кайăксем кăнтăралла вĕçсе кайрĕç. | Die Vögel sind in Richtung Süden davongeflogen. |

Die Form **каялла** *rückwärts* entspricht der Präposition (zeitlich) *vor*:

| Шупашкара эпĕ вăçĕ çул каялла килтĕм. | Ich bin vor drei Jahren nach Tscheboksary gekommen. |

9. Adverbien auf -(ĕ)н

Eine Reihe von Adjektiven, darunter alle Adjektive auf **-(л)лĕ** und **-сĕр** können nur durch Anfügung des Suffixes **-(ĕ)н** adverbial verwendet werden. Sie verändern sich dabei nach den gleichen Regeln wie bei ihrer Substantivierung (vgl. S. 23):

ăшă	ăшшăн	warm	пысăк	пысăккăн	groß
вăрах	вăраххăн	langsam	сивĕ	сиввĕн	kalt
илемлĕ	илемлĕн	schön	çăмăл	çăмăллăн	leicht
йăваш	йăвашшăн	sanft, ruhig	çемçе	çемçен	weich, zart
кăмăл	кăмăллăн	freundlich	тӳрĕ	тӳррĕн	gerade
кĕмĕл	кĕмĕлĕн	silbrig	хытă	хыттăн	hart, laut
кĕске	кĕскен	kurz	шăп	шăппăн	still, leise
пĕчĕк	пĕчĕккĕн	klein	ылтăн	ылтăнăн	golden

| Ăшă/сивĕ çил вĕрет. | Es weht ein warmer/kalter Wind. |
| Çил ăшшăн/сиввĕн вĕрет. | Der Wind weht warm/kalt. |

Das Suffix dient auch zur Bildung von Kollektivzahlen (vgl. S. 37):

| Эсир миçен пурăнатăр? | Zu wievielt lebt ihr? |
| Эпир пиллĕкĕн пурăнатпăр. | Wir leben zu fünft. |

10. Verbstämme auf -ле

Durch Anfügung des Suffixes **-ле** an Substantive und Adjektive entstehen Verbstämme:

вĕç	Ende	вĕçле-	beenden
ĕç	Arbeit	ĕçле-	arbeiten
пуç	Kopf	пуçла-	anfangen
хăна	Gast	хăнала-	bewirten
хатĕр	bereit	хатĕрле-	vorbereiten

11. Reflexive Verbstämme

Das Suffix zur Bildung reflexiv erweiterter Verbstämme lautet **-(ĕ)н**:

илт-	hören	илтĕн-	zu hören sein
кур-	sehen	курăн-	sichtbar sein
çу-	waschen	çăвăн-	sich waschen
хуп-	schließen	хупăн-	(sich) schließen

Zu dieser Gruppe zählen auch Verben mit der reflexiven Form von **-ле**:

вĕçле-	beenden	вĕçлен-	enden
пуçла-	anfangen	пуçлан-	beginnen
çĕкле-	hochheben	çĕклен-	sich erheben
хатĕрле-	vorbereiten	хатĕрлен-	sich vorbereiten

Daneben gibt es eigenständige Verben mit der reflexiven Form von **-ле**:

вăй	Kraft	вăйлан-	erstarken
ĕмĕт	Wunschtraum	ĕмĕтлен-	träumen, hoffen
лайăх	gut	лайăхлан-	besser werden
çамрак	jung	çамраклан-	sich verjüngen

Das Suffix **-(ĕ)н** kann auch an Adjektive zur Bildung reflexiver Verbstämme angefügt werden:

ăшă	heiß	ăшăн-	heiß werden
сивĕ	kalt	сивĕн-	kalt werden

Bei einigen Verbstämmen auf **-ç** wie auch bei Adjektiven auf Vokal lautet das Reflexivsuffix **(ĕ)л-**:

уç-	öffnen	уçăл-	sich öffnen
хуç-	zerbrechen	хуçăл-	zerbrechen

ватă	alt	ватăл-	altern
çĕнĕ	neu	çĕнĕл-	sich erneuern

12. Reziproke Verbstämme

Die Suffixe zur Bildung reziproker Verbstämme lauten **-(ĕ)ç** und **-(ĕ)ш**:

кала-	sprechen, reden	калаç-	sich unterhalten
ятла-	schimpfen	ятлаç-	sich beschimpfen
кĕр-	hineingehen	кĕреш-	sich bekämpfen
палла-	kennen	паллаш-	sich kennenlernen

Hierzu zählen auch selbständige Verben mit der reziproken Form von **-ле**:

пĕр	eins	пĕрлеш-	sich vereinigen
тус	Freund	туслаш-	sich anfreunden

Neben seiner reziproken Bedeutung kann dieses Suffix auch kooperative Bedeutung haben:

выля-	spielen	выляш-	miteinander spielen
пул-	werden, sein	пулăш-	mitwirken, helfen

13. Kausative Verbstämme

Das Tschuwaschische kennt mehrere Kausativsuffixe; es lassen sich nur annäherungsweise Regeln dafür aufstellen, welches Suffix an einen bestimmten Verbstamm anzuschließen ist.

Für den überwiegenden Teil der Verben lautet das Kausativsuffix **-тер**, nach Vokal **-ттер**:

ирт-	vorbeigehen	ирттер-	verbringen (Zeit)
кул-	lachen	култар-	zum Lachen bringen
савăн-	sich freuen	савăнтар-	erfreuen
пĕл-	wissen	пĕлтер-	wissen lassen

ĕçле-	arbeiten	ĕçлеттер-	arbeiten lassen
вула-	lesen	вулаттар-	zu lesen geben
выля-	spielen	выляттар-	spielen lassen
итле-	zuhören	итлеттер-	zu Gehör bringen

Bei einigen einsilbigen Verbstämmen auf **к, л, ç, т** entfällt der Anfangskonsonant des Kausativsuffixes; in zwei Fällen wird zugleich der Vokal **и** des Verbstamms zu **ĕ** reduziert:

вил-	sterben	вĕлер-	töten
пĕт-	enden	пĕтер-	beenden
пиç-	kochen, backen	пĕçер-	kochen, backen
ÿк-	fallen	ÿкер-	fallen lassen

Das Kausativsuffix **-т** folgt auf Verbstämme auf **-p** sowie einige mehrsilbige Verbstämme, die auf Vokal oder die Konsonanten **-л** oder **-н** enden:

лар-	sich setzen	ларт-	setzen, pflanzen
хăра-	sich fürchten	хăрат-	Furcht einflößen
ватăл-	altern	ватăлт-	altern lassen
вĕрен-	lernen	вĕрент-	lehren

Einige reflexive Verbformen werden kausativ, indem man das auslautende **-н** durch **-т** ersetzt:

вăран-	aufwachen	вăрат-	wecken
илемлен-	schöner werden	илемлет-	verschönern
лайăхлан-	besser werden	лайăхлат-	verbessern
çамраклан-	jünger werden	çамраклат-	verjüngen

14. Das Passiv

Passive Verbstämme sind im Tschuwaschischen nahezu unbekannt. Vereinzelt können reflexive Verbformen auch passive Bedeutung haben. Im Übrigen werden Sätze, in denen das Deutsche das Passiv verwendet, meist durch ein Aktiv zum Ausdruck gebracht:

Сухалнă çăраççи тупăнчĕ.	Der verschwundene Schlüssel hat sich gefunden/wurde gefunden.
Университет 11967-меш çулта уçăлнă.	Die Universität wurde im Jahre 1967 eröffnet.

Zudem haben alle Partizipien sowohl aktive als auch passive Bedeutung:

Савнă тусăмсем!	Meine geliebten Freunde!
Пĕлмен кăмпана пуçтарма юрамасть.	Es ist nicht gut, unbekannte Pilze zu sammeln.

XIV. Wortfolge

In Sätzen mit **пур** *vorhanden* und **çук** *nicht vorhanden* als Prädikatsnomina wird berichtet, dass es etwas gibt bzw. nicht gibt. Entsprechend werden vor der Nennung des Subjekts der zeitliche und räumliche Rahmen angegeben. Dies gilt auch in denjenigen Fällen, in denen **пур** und **çук** durch Formen von **пул-** ersetzt werden. Das Prädikat steht im Tschuwaschischen am Satzende:

Ку урамра темиçе апат-çимěç магазинě пур.	In dieser Straße gibt es einige Lebensmittelgeschäfte.
Ыран пирěн ялта уяв пудать.	Morgen gibt es bei uns im Dorf ein Fest.

In allen übrigen Sätzen steht das Subjekt des Satzes, sofern es sich um eine 3. Person handelt, am Satzanfang; erst danach folgen Zeitangabe, Objekte und Prädikat:

Ман юлташ каççерен амăшě патне кěрсе тухать.	Mein Freund schaut jeden Abend bei seiner Mutter vorbei.

Attribute stehen jeweils vor dem Substantiv:

Ман Ванюк ялтă юлташ каççерен ватă амăшě патне кěрсе тухать.	Mein Freund namens Wanjuk schaut jeden Abend bei seiner alten Mutter vorbei.

Ist das Subjekt des Satzes eine 1. oder 2. Person, ist sie Teil des Prädikats und steht damit am Ende des Satzes:

(Эпě) каççерен анне патне кěрсе тухатăп.	Ich schaue jeden Abend bei meiner Mutter vorbei.

Ein wesentliches Charakteristikum des Tschuwaschischen ist die Tatsache, dass es keine Nebensätze bildet. Zum einen verwendet es Partizipien, die attributiv vor ein Substantiv gestellt werden (vgl. S. 75 ff.); auf der anderen Seite drückt es Nebenhandlungen durch Konverbien aus (vgl. S. 86 ff):

Ман хулара пурăнакан юлташ тăван ялне каймассерен пĕччен пурăнакан амăшĕ патне ăна савăнтарас тесе кĕрсе тухать.	Mein Freund, der in der Stadt lebt, schaut jedesmal, wenn er in sein Heimatdorf fährt, bei seiner alleine lebenden Mutter vorbei, um ihr eine Freude zu machen.

Derjenige Teil, der im Deutschen dem Hauptsatz entspricht, steht im Tschuwaschischen am Ende des Satzes. Bei der Übersetzung ins Deutsche empfiehlt es sich daher, zuerst den Satzteil nach einem Partizip oder Konverb als Hauptsatz zu übersetzen und anschließend den davor liegenden Teil einschließlich dem Partizip bzw. Konverb durch einen Nebensatz aufzulösen:

Манпа телефонпа калаçакан / пичче пирĕн пата хăнана килет.	Mein Bruder, der mit mir telefoniert, kommt zu uns zu Besuch.
Паян тумалли / ĕçе ыран ан хăвар.	Lasse die Arbeit, die heute zu machen ist, nicht für morgen liegen.
Шыва кĕмесĕр / ишме вĕренейместĕн.	Ohne ins Wasser zu gehen, kannst du nicht schwimmen lernen.
Ахаль лариччен / вăрмана каяр.	Statt einfach herumzusitzen, lasst uns in den Wald gehen.

Wie entscheidend die Wortfolge für das Verständnis eines Satzes sein kann, sollen die folgenden Beispiele veranschaulichen:

Ача çыру çырнă.	Das Kind hat einen Brief geschrieben.
Çыру çырнă ача ...	Das Kind, das einen Brief geschrieben hat ...
Ача çырнă çыру ...	Der Brief, den das Kind geschrieben hat ...

Anhang

Übersichten über die tschuwaschischen Suffixe

Suffixe, die Vokalharmonie 1 folgen	
(ø)-е	Themasuffix Präsens und Konverb 54, 86
(ø)-екен	Partizip Präsens 75
(ø)-ем	Optativ 1. Person Singular 68
(ø)-ер	Optativ 1. Person Plural 68
(ø)-ес	Verbalnomen Futur 58, 82
-(е)х	Partikel
-(л)ле	Äquativ 108
-(н)е	Dativ/Akkusativ 13
-(т)тер	Kausativ 111
-(те)рех	Komparativ 24
-ер	Kausativ 112
-ле	Verbbildung 109
-ме	Negation Vollverb 52
-ме	Verbalnomen (Infinitiv) 73
-мелле	Nezessitativ 64
-мен	verneintes Verbalnomen 62, 81
-мес	Negation Vollverb im Präsens 54
-месĕр	Konverb 93
-мессерен	Konverb 94
-пе	Postposition 42, 48
-ре	Lokativ 15
-рен	Ablativ 15
-се	Konverb 87
-сен	Konverb 95
-сессĕн	Konverb 95
-шер	Distributivzahlen 41
-шкел	Postposition 47

Suffixe, die Vokalharmonie 2 folgen	
-(ĕ)ç	Reziprok und Kollektiv 111
-(ĕ)л	Reflexiv/Passiv 110
-(ĕ)м	Possessiv 1. Person Singular 16
-(ĕ)мĕр	Possessiv 1. Person Plural 16
-(ĕ)н	Adverbbildung, Kollektivzahlen 37, 109
-(ĕ)н	Reflexiv/Passiv 110
-(ĕ)н	pronominale Personalendung 2. Person Singular 54, 56
-(ĕ)п	pronominale Personalendung 1. Person Singular 54, 56
-(ĕ)р	pronominale Personalendung 2. Person Plural 54, 56
-(ĕ)ш	Reziprok 111
(ø)-ĕ	Themasuffix unbestimmtes Futur 56
(ø)-ĕр	Imperativ 2. Person Plural 66
(ø)-ĕр	Possessiv 2. Person Plural 16
-(л)лĕ	Adjektivbildung 105
-(т)тĕм	perfektische Personalendung 1. Person Singular 70
-(т)тĕмĕр	perfektische Personalendung 1. Person Plural 70
-(т)тĕн	perfektische Personalendung 2. Person Singular 70
-(т)тĕр	perfektische Personalendung 2. Person Plural 70
-(ч)чĕр	Imperativ 3. Person Plural 67
-çĕ	Berufsbezeichnung 104
-ĕн	Genitiv nach Konsonant 13
-лĕх	Substantivbildung 105
-н(ĕн)	Genitiv nach Vokal 13
-нĕ	Verbalnomen Perfekt 62, 76
-нĕçемĕн	Konverb 94
-пĕр	pronominale Personalendung 1. Person Plural 54, 56
-рĕм	possessive Personalendung 1. Person Singular 60
-рĕмĕр	possessive Personalendung 1. Person Plural 60
-рĕн	possessive Personalendung 2. Person Singular 60
-рĕр	possessive Personalendung 2. Person Plural 60
-сĕр	Adjektivbildung 105
-тĕр	Imperativ 3. Person Singular 67
-шĕн	Postposition 44

Suffixe mit -ÿ, -y	
-ÿ	Substantivbildung 104
(ø)-ÿ	Possessiv 2. Person Singular 16

Suffixe, die nicht der Vokalharmonie unterliegen	
(ø)-и	Possessiv 3. Person nach Vokal 20
(ø)-иччен	Konverb 98
-(ч)чĕ	perfektische Personalendung 3. Person Singular 51, 70
-(ч)чĕç	perfektische Personalendung 3. Person Plural 70
-(ч)чен	Postposition 44
-ç(ĕ)	pronominale Personalendung 3. Person Plural 54, 56
-ĕ	Possessiv 3. Person nach Konsonant 20
-и	Fragepartikel 33
-ши	Fragepartikel 33
-им	Fragepartikel 33
-мĕш	Ordinalzahlen 37
-пĕ	possessive Personalendung 3. Person Singular 60
-пĕç	possessive Personalendung 3. Person Plural 60
-ри	Zugehörigkeitssuffix nach Lokativ 107
-сем	Plural 12
-серен	Postposition 43
-скер	Substantivbildung 104
-çке	Partikel 101
-ха	Partikel 102
-хи	Zugehörigkeitssuffix 106
-ççĕ	pronominale Personalendung 3. Person Plural 54

Possessivdeklination der Substantive, vordere Vokale

1. Pers. Sg.	2. Pers. Sg.	3. Pers. Sg.	1. Pers. Pl.	2. Pers. Pl.
хĕрĕм	хĕрӳ	хĕрĕ	хĕрĕмĕр	хĕрĕр
хĕрĕмĕн	хĕрӳн	хĕрĕн	хĕрĕмĕрĕн	хĕрĕрĕн
хĕрĕме	хĕрне	хĕрне	хĕрĕмĕре	хĕрĕре
хĕрĕмпе	хĕрӳнте	хĕрĕнче	хĕрĕмĕрте	хĕрĕрте
хĕрĕмрен	хĕрӳнтен	хĕрĕнчен	хĕрĕмĕртен	хĕрĕртен

сехетĕм	сехетӳ	сехечĕ	сехетĕмĕр	сехетĕр
сехетĕмĕн	сехетӳн	сехечĕн	сехетĕмĕрĕн	сехетĕрĕн
сехетĕме	сехетне	сехетне	сехетĕмĕре	сехетĕре
сехетĕмпе	сехетӳнте	сехетĕнче	сехетĕмĕрте	сехетĕрте
сехетĕмрен	сехетӳнтен	сехетĕнчен	сехетĕмĕртен	сехетĕртен

ĕçĕм	ĕçӳ	ĕçĕ	ĕçĕмĕр	ĕçĕр
ĕçĕмĕн	ĕçӳн	ĕçĕн	ĕçĕмĕрĕн	ĕçĕрĕн
ĕçĕме	ĕçне	ĕçне	ĕçĕмĕре	ĕçĕре
ĕçĕмпе	ĕçӳнте	ĕçĕнче	ĕçĕмĕрте	ĕçĕрте
ĕçĕмрен	ĕçӳнтен	ĕçĕнчен	ĕçĕмĕртен	ĕçĕртен

кĕнекем	кĕнекӳ	кĕнеки	кĕнекемĕр	кĕнекĕр
кĕнекемĕн	кĕнекӳн	кĕнекин	кĕнекемĕрĕн	кĕнекĕрĕн
кĕнекеме	кĕнекӳне	кĕнекине	кĕнекемĕре	кĕнекĕре
кĕнекемпе	кĕнекӳнте	кĕнекинче	кĕнекемĕрте	кĕнекĕрте
кĕнекемрен	кĕнекӳнтен	кĕнекинчен	кĕнекемĕртен	кĕнекĕртен

çĕррĕм	çĕррӳ	çĕрри	çĕррĕмĕр	çĕррĕр
çĕррĕмĕн	çĕррӳн	çĕррин	çĕррĕмĕрĕн	çĕррĕрĕн
çĕррĕме	çĕррӳне	çĕррине	çĕррĕмĕре	çĕррĕре
çĕррĕмпе	çĕррӳнте	çĕрринче	çĕррĕмĕрте	çĕррĕрте
çĕррĕмрен	çĕррӳнтен	çĕрринчен	çĕррĕмĕртен	çĕррĕртен

пĕлĕвĕм	пĕлĕвӳ	пĕлĕвĕ	пĕлĕвĕмĕр	пĕлĕвĕр
пĕлĕвĕмĕн	пĕлĕвӳн	пĕлĕвĕн	пĕлĕвĕмĕрĕн	пĕлĕвĕрĕн
пĕлĕвĕме	пĕлĕвне	пĕлĕвне	пĕлĕвĕмĕре	пĕлĕвĕре
пĕлĕвĕмпе	пĕлӳнте	пĕлĕвĕнче	пĕлĕвĕмĕрте	пĕлĕвĕрте
пĕлĕвĕмрен	пĕлӳнтен	пĕлĕвĕнчен	пĕлĕвĕмĕртен	пĕлĕвĕртен

Anhang

Possessivdeklination der Substantive, hintere Vokale

1. Pers. Sg.	2. Pers. Sg.	3. Pers. Sg.	1. Pers. Pl.	2. Pers. Pl.
ывăлăм	ывăлу	ывăлĕ	ывăлăмăр	ывăлăр
ывăлăмăн	ывăлун	ывăлĕн	ывăлăмăрăн	ывăлăрăн
ывăлăма	ывăлна	ывăлне	ывăлăмăра	ывăлăра
ывăлăмра	ывăлунта	ывăлĕнче	ывăлăмăрта	ывăлăрта
ывăлăмран	ывăлунтан	ывăлĕнчен	ывăлăмăртан	ывăлăртан

çуртăм	çурту	çурчĕ	çуртăмăр	çуртăр
çуртăмăн	çуртун	çурчĕн	çуртăмăрăн	çуртăрăн
çуртăма	çуртна	çуртне	çуртăмăра	çуртăра
çуртăмра	çуртунта	çуртĕнче	çуртăмăрта	çуртăрта
çуртăмран	çуртунтан	çуртĕнчен	çуртăмăртан	çуртăртан

юлташăм	юлташу	юлташĕ	юлташăмăр	юлташăр
юлташăмăн	юлташун	юлташĕн	юлташăмăрăн	юлташăрăн
юлташăма	юлташна	юлташне	юлташăмăра	юлташăра
юлташăмра	юлташунта	юлташĕнче	юлташăмăрта	юлташăрта
юлташăмран	юлташунтан	юлташĕнчен	юлташăмăртан	юлташăртан

ачам	ачу	ачи	ачамăр	ачăр
ачамăн	ачун	ачин	ачамăрăн	ачăрăн
ачама	ачуна	ачине	ачамăра	ачăра
ачамра	ачунта	ачинче	ачамăрта	ачăрта
ачамран	ачунтан	ачинчен	ачамăртан	ачăртан

сассăм	сассу	сасси	сассăмăр	сассăр
сассăмăн	сассун	сассин	сассăмăрăн	сассăрăн
сассăма	сассуна	сассине	сассăмăра	сассăра
сассăмра	сассунта	сассинче	сассăмăрта	сассăрта
сассăмран	сассунтан	сассинчен	сассăмăртан	сассăртан

çырăвăм	çырăву	çырăвĕ	çырăвăмăр	çырăвăр
çырăвăмăн	çырăвун	çырăвĕн	çырăвăмăрăн	çырăвăрăн
çырăвăма	çырăвна	çырăвне	çырăвăмăра	çырăвăра
çырăвăмра	çырунта	çырăвĕнче	çырăвăмăрта	çырăвăрта
çырăвăмран	çырунтан	çырăвĕнчен	çырăвăмăртан	çырăвăртан

Anhang

Finite bejahte Formen des Vollverbs, vordere Vokale

Präs.-Futur	unb. Futur	einf. Perfekt	Präteritum	Konjunktiv
килетĕп	килĕп	килтĕм	килеттĕм	килĕттĕм
килетĕн	килĕн	килтĕн	килеттĕн	килĕттĕн
килет	килĕ	килчĕ	килетчĕ	килĕччĕ
килетпĕр	килĕпĕр	килтĕмĕр	килеттĕмĕр	килĕттĕмĕр
килетĕр	килĕр	килтĕр	килеттĕр	килĕттĕр
килеççĕ	килĕç	килчĕç	килетчĕç	килĕччĕç

вĕретĕп	вĕрĕп	вĕртĕм	вĕреттĕм	вĕрĕттĕм
вĕретĕн	вĕрĕн	вĕртĕн	вĕреттĕн	вĕрĕттĕн
вĕрет	вĕрĕ	вĕрчĕ	вĕретчĕ	вĕрĕччĕ
вĕретпĕр	вĕрĕпĕр	вĕртĕмĕр	вĕреттĕмĕр	вĕрĕттĕмĕр
вĕретĕр	вĕрĕр	вĕртĕр	вĕреттĕр	вĕрĕттĕр
вĕреççĕ	вĕрĕç	вĕрчĕç	вĕретчĕç	вĕрĕччĕç

кĕтетĕп	кĕтĕп	кĕтрĕм	кĕтеттĕм	кĕтĕттĕм
кĕтетĕн	кĕтĕн	кĕтрĕн	кĕтеттĕн	кĕтĕттĕн
кĕтет	кĕтĕ	кĕтрĕ	кĕтетчĕ	кĕтĕччĕ
кĕтетпĕр	кĕтĕпĕр	кĕтрĕмĕр	кĕтеттĕмĕр	кĕтĕттĕмĕр
кĕтетĕр	кĕтĕр	кĕтрĕр	кĕтеттĕр	кĕтĕттĕр
кĕтеççĕ	кĕтĕç	кĕтрĕç	кĕтетчĕç	кĕтĕччĕç

ĕçлетĕп	ĕçлĕп	ĕçлерĕм	ĕçлеттĕм	ĕçлĕттĕм
ĕçлетĕн	ĕçлĕн	ĕçлерĕн	ĕçлеттĕн	ĕçлĕттĕн
ĕçлет	ĕçлĕ	ĕçлерĕ	ĕçлетчĕ	ĕçлĕччĕ
ĕçлетпĕр	ĕçлĕпĕр	ĕçлерĕмĕр	ĕçлеттĕмĕр	ĕçлĕттĕмĕр
ĕçлетĕр	ĕçлĕр	ĕçлерĕр	ĕçлеттĕр	ĕçлĕттĕр
ĕçлеççĕ	ĕçлĕç	ĕçлерĕç	ĕçлетчĕç	ĕçлĕччĕç

тĕветĕп	тĕвĕп	тÿрĕм	тĕветтĕм	тĕвĕттĕм
тĕветĕн	тĕвĕн	тÿрĕн	тĕветтĕн	тĕвĕттĕн
тĕвет	тĕвĕ	тÿрĕ	тĕветчĕ	тĕвĕччĕ
тĕветпĕр	тĕвĕпĕр	тÿрĕмĕр	тĕветтĕмĕр	тĕвĕттĕмĕр
тĕветĕр	тĕвĕр	тÿрĕр	тĕветтĕр	тĕвĕттĕр
тĕвеççĕ	тĕвĕç	тÿрĕç	тĕветчĕç	тĕвĕччĕç

Finite verneinte Formen des Vollverbs, vordere Vokale

Präs.-Futur	unb. Futur	einf. Perfekt	Präteritum	Konjunktiv
килместĕп	килмĕп	килмерĕм	килместĕм	килмĕттĕм
килместĕн	килмĕн	килмерĕн	килместĕн	килмĕттĕн
килмест	килмĕ	килмерĕ	килместчĕ	килмĕччĕ
килместпĕр	килмĕпĕр	килмерĕмĕр	килместĕмĕр	килмĕттĕмĕр
килместĕр	килмĕр	килмерĕр	килместĕр	килмĕттĕр
килмеççĕ	килмĕç	килмерĕç	килместчĕç	килмĕччĕç

вĕрместĕп	вĕрмĕп	вĕрмерĕм	вĕрместĕм	вĕрмĕттĕм
вĕрместĕн	вĕрмĕн	вĕрмерĕн	вĕрместĕн	вĕрмĕттĕн
вĕрмест	вĕрмĕ	вĕрмерĕ	вĕрместчĕ	вĕрмĕччĕ
вĕрместпĕр	вĕрмĕпĕр	вĕрмерĕмĕр	вĕрместĕмĕр	вĕрмĕттĕмĕр
вĕрместĕр	вĕрмĕр	вĕрмерĕр	вĕрместĕр	вĕрмĕттĕр
вĕрмеççĕ	вĕрмĕç	вĕрмерĕç	вĕрместчĕç	вĕрмĕччĕç

кĕтместĕп	кĕтмĕп	кĕтмерĕм	кĕтместĕм	кĕтмĕттĕм
кĕтместĕн	кĕтмĕн	кĕтмерĕн	кĕтместĕн	кĕтмĕттĕн
кĕтмест	кĕтмĕ	кĕтмерĕ	кĕтместчĕ	кĕтмĕччĕ
кĕтместпĕр	кĕтмĕпĕр	кĕтмерĕмĕр	кĕтместĕмĕр	кĕтмĕттĕмĕр
кĕтместĕр	кĕтмĕр	кĕтмерĕр	кĕтместĕр	кĕтмĕттĕр
кĕтмеççĕ	кĕтмĕç	кĕтмерĕç	кĕтместчĕç	кĕтмĕччĕç

ĕçлеместĕп	ĕçлемĕп	ĕçлемерĕм	ĕçлеместĕм	ĕçлемĕттĕм
ĕçлеместĕн	ĕçлемĕн	ĕçлемерĕн	ĕçлеместĕн	ĕçлемĕттĕн
ĕçлемест	ĕçлемĕ	ĕçлемерĕ	ĕçлеместчĕ	ĕçлемеччĕ
ĕçлеместпĕр	ĕçлемĕпĕр	ĕçлемерĕмĕр	ĕçлеместĕмĕр	ĕçлемĕттĕмĕр
ĕçлеместĕр	ĕçлемĕр	ĕçлемерĕр	ĕçлеместĕр	ĕçлемĕттĕр
ĕçлемеççĕ	ĕçлемĕç	ĕçлемерĕç	ĕçлеместчĕç	ĕçлемеччĕç

тÿместĕп	тÿмĕп	тÿмерĕм	тÿместĕм	тÿмĕттĕм
тÿместĕн	тÿмĕн	тÿмерĕн	тÿместĕн	тÿмĕттĕн
тÿмест	тÿмĕ	тÿмерĕ	тÿместчĕ	тÿмĕччĕ
тÿместпĕр	тÿмĕпĕр	тÿмерĕмĕр	тÿместĕмĕр	тÿмĕттĕмĕр
тÿместĕр	тÿмĕр	тÿмерĕр	тÿместĕр	тÿмĕттĕр
тÿмеççĕ	тÿмĕç	тÿмерĕç	тÿместчĕç	тÿмĕччĕç

Anhang

Finite bejahte Formen des Vollverb, hintere Vokale

Präs.-Futur	unb. Futur	einf. Perfekt	Präteritum	Konjunktiv
канатăп	канăп	кантăм	канаттăм	канăттăм
канатăн	канăн	кантăн	канаттăн	канăттăн
канать	канĕ	канчĕ	канатчĕ	канĕччĕ
канатпăр	канăпăр	кантăмăр	канаттăмăр	канăттăмăр
канатăр	канăр	кантăр	канаттăр	канăттăр
канаççĕ	канĕç	канчĕç	канатчĕç	канĕччĕç

паратăп	парăп	патăм	параттăм	парăттăм
паратăн	парăн	патăн	параттăн	парăттăн
парать	парĕ	пачĕ	паратчĕ	парĕччĕ
паратпăр	парăпăр	патăмăр	параттăмăр	парăттăмăр
паратăр	парăр	патăр	параттăр	парăттăр
параççĕ	парĕç	пачĕç	паратчĕç	парĕччĕç

каятăп	кайăп	кайрăм	каяттăм	кайăттăм
каятăн	кайăн	кайрăн	каяттăн	кайăттăн
каять	кайĕ	кайрĕ	каятчĕ	кайĕччĕ
каятпăр	кайăпăр	кайрăмăр	каяттăмăр	кайăттăмăр
каятăр	кайăр	кайрăр	каяттăр	кайăттăр
каяççĕ	кайĕç	кайрĕç	каятчĕç	кайĕччĕç

вулатăп	вулăп	вулараăм	вулаттăм	вулăттăм
вулатăн	вулăн	вуларăн	вулаттăн	вулăттăн
вулать	вулĕ	вуларĕ	вулатчĕ	вулĕччĕ
вулатпăр	вулăпăр	вуларăмăр	вулаттăмăр	вулăттăмăр
вулатăр	вулăр	вуларăр	вулаттăр	вулăттăр
вулаççĕ	вулĕç	вуларĕç	вулатчĕç	вулĕччĕç

çаватăп	çавăп	çурăм	çаваттăм	çавăттăм
çаватăн	çавăн	çурăн	çаваттăн	çавăттăн
çавать	çавĕ	çурĕ	çаватчĕ	çавĕччĕ
çаватпăр	çавăпăр	çурăмăр	çаваттăмăр	çавăттăмăр
çаватăр	çавăр	çурăр	çаваттăр	çавăттăр
çаваççĕ	çавĕç	çурĕç	çаватчĕç	çавĕччĕç

Anhang 123

Finite verneinte Formen des Vollverb, hintere Vokale

Präs.-Futur	unb. Futur	einf. Perfekt	Präteritum	Konjunktiv
канмастăп	канмăп	канмарăм	канмастăм	канмăттăм
канмастăн	канмăн	канмарăн	канмастăн	канмăттăн
канмасть	канмĕ	канмарĕ	канмастчĕ	канмĕчче
канмастпăр	канмăпăр	канмарăмăр	канмастăмăр	канмăттăмăр
канмастăр	канмăр	канмарăр	канмастăр	канмăттăр
канмаççĕ	канмĕç	канмарĕç	канмастчĕç	канмĕччĕç

памастăп	памăп	памарăм	памастăм	памăттăм
памастăн	памăн	памарăн	памастăн	памăттăн
памасть	памĕ	памарĕ	памастчĕ	памĕчче
памастпăр	памăпăр	памарăмăр	памастăмăр	памăттăмăр
памастăр	памăр	памарăр	памастăр	памăттăр
памаççĕ	памĕç	памарĕç	памастчĕç	памĕччĕç

каймастăп	каймăп	каймарăм	каймастăм	каймăттăм
каймастăн	каймăн	каймарăн	каймастăн	каймăттăн
каймасть	каймĕ	каймарĕ	каймастчĕ	каймĕчче
каймастпăр	каймăпăр	каймарăмăр	каймастăмăр	каймăттăмăр
каймастăр	каймăр	каймарăр	каймастăр	каймăттăр
каймаççĕ	каймĕç	каймарĕç	каймастчĕç	каймĕччĕç

вуламастăп	вуламăп	вуламарăм	вуламастăм	вуламăттăм
вуламастăн	вуламăн	вуламарăн	вуламастăн	вуламăттăн
вуламасть	вуламĕ	вуламарĕ	вуламастчĕ	вуламĕчче
вуламастпăр	вуламăпăр	вуламарăмăр	вуламастăмăр	вуламăттăмăр
вуламастăр	вуламăр	вуламарăр	вуламастăр	вуламăттăр
вуламаççĕ	вуламĕç	вуламарĕç	вуламастчĕç	вуламĕччĕç

çумастăп	çумăп	çумарăм	çумастăм	çумăттăм
çумастăн	çумăн	çумарăн	çумастăн	çумăттăн
çумасть	çумĕ	çумарĕ	çумастчĕ	çумĕчче
çумастпăр	çумăпăр	çумарăмăр	çумастăмăр	çумăттăмăр
çумастăр	çумăр	çумарăр	çумастăр	çумăттăр
çумаççĕ	çумĕç	çумарĕç	çумастчĕç	çумĕччĕç

Deutsche Nebensätze und ihre tschuwaschischen Entsprechungen

als (temporal)	-нĕ чух(не) 77, (ø)-еспе 84б -сен 95
als ob (modal)	-нĕ пек 77, (ø)-ес пек 82
bevor (temporal)	(ø)-ес умĕн 84б -иччен 98
bis (temporal)	-нĕ таран 78, -иччен 98
damit, dass (final)	тесе 92
dass-Sätze	-нĕ 78 ff.
ehe nicht (temporal)	-месĕр 93
indem (modal)	(ø)-е 86, -се 88
indirekte Fragesätze	-ни 80
Infinitiv mit *zu*	-ме 73
immer wenn (temporal)	-мессерен 94
je ... desto (modal)	-мессерен 94
kaum dass (temporal)	-нĕ -мен 81, -сенех 95
nachdem (temporal)	-нĕ хыççăн 78, -сессĕн 95
ob	тесе 92
obwohl (konzessiv)	-сен те 97
ohne zu (modal)	-месĕр 93
Relativsätze	(ø)-екен, -нĕ, (ø)-ес, -мелли 75 ff.
seitdem (temporal)	-нĕренпе 78
sobald (temporal)	(ø)-еспе 84б -сен 95
solange nicht (temporal)	-месĕр 93б -иччен 98
statt dass, statt zu	-иччен 98
um zu (final)	-ме 73
während (temporal)	-нĕ чух 77
weil (kausal)	-нĕрен 78, -нипе 80, тесе 93, -нĕ/мен пирки 81
wenn (temporal)	-сен 95
wenn (konditional)	-сен 95
wenn auch (konzessiv)	-сен те 97
wie (modal)	-нĕ пек 78

Anhang

Alphabetisches Vokabelverzeichnis

а

аван	gut
авăн уйăхĕ	September
авлан-	heiraten (m.)
авланнă	verheiratet (m.)
автобус	Bus
адрес	Adresse
ай	Unterseite, unter
айтăр	auf, los
ака уйăхĕ	April
ак, акă	eben, ja
акăлчан	Engländer
акăлчанла	auf Englisch
алă	Hand
алăк	Tür
аллă	fünfzig
ан-	(hin-)untergehen
анне	Mutter
анчах	aber, jedoch; gerade, nur, erst
апат	Essen, Speise
арман	Mühle
арча	Truhe
ас	Gedächtnis
аса ил-	sich merken
асанне	Vaters Mutter
асатте	Vaters Vater
асăрха-	bemerken
асăрхан-	sich vorsehen
асăрхану	Vorsicht
асăрхануллă	vorsichtig
асăрхаттар-	bemerkbar machen
аслă	groß, älter
асту-	sich erinnern
атă	Stiefel
Атăл	Wolga
атте	Vater
атьăр	los, auf
ача	Kind
ахаль	einfach, schlicht
ачалăх	Kindheit
ача-пăча	Kinder
аякра	entfernt
аялта	unten

ă

ăнлан-	verstehen
ăсат-	geleiten
ăçта	wo, wohin
ăçтан	woher
ăшă	warm, heiß
ăшăн-	heiß werden

б

библиотека	Bibliothek
билет	Fahrkarte

в

валли	für
ван-	zerbrechen
Ванюк	Wanjuk, Iwan
вара	dann, danach
варă	Mitte
васка-	eilen
ватă	alt, betagt
ватăл-	altern
ватăлт-	altern lassen
вăй	Kraft
вăйлă	kräftig
вăйлан-	erstarken
вайсăр	kraftlos
вăл	er, sie

вăран-	aufwachen	выр ăн	Ort, Platz
вăрат-	wecken	выр ăс	russisch, Russe
вăрах	langsam	выр ăсла	auf Russisch
вăрман	Wald	вырнаç-	liegen, sich befinden
вăрттăн	heimlich	вырсарникун	Sonntag
вăтăр	dreißig	вырт-	liegen, sich legen
вăхăт	Zeit		
велосипед	Fahrrad	**д**	
вĕлер-	töten	дыня	Melone
вĕр-	bellen, wehen		
вĕр-	wehen; bellen	**е**	
вĕрен-	lernen, studieren	е	oder
вĕренÿ	Studium	е ... е	entweder ... oder
вĕренекен	Schüler(in)	ен	Seite
вĕрент-	lehren	епле	wie sehr
вĕсем	sie		
вĕç	Ende	**ĕ**	
вĕç-	fliegen	ĕлĕк	früher
вĕçĕ-хĕррисĕр	endlos	ĕлкĕр-	erfolgreich sein
вĕçле-	beenden	ĕмĕр	Jahrhundert, Lebensdauer
вĕçлен-	enden		
вĕт	ja doch	ĕмĕт	Wunschtraum
вил-	sterben	ĕмĕтлен-	träumen, hoffen
виç-	messen	ĕне	Kuh
виççĕ	drei	ĕнен-	glauben
виçĕм кун	vorgestern	ĕнер	gestern
виçмине	übermorgen	ĕнерхи	gestrig
витĕр	durch ... hindurch	ĕнсе	Nacken
вите	Stall	ĕнтĕ	schon
вокзал	Bahnhof	ĕç	Arbeit
врач	Arzt	ĕç-	trinken
вула-	lesen	ĕçле-	arbeiten
вулаттар-	zu lesen geben	ĕçлеттер-	arbeiten lassen
вуннă	zehn	ĕçсĕр	arbeitslos
выля-	spielen	ĕçсĕрлĕх	Arbeitslosigkeit
выляттар-	spielen lassen	ĕçчен	fleißig
выляш-	miteinander spielen	ĕçченлĕх	Fleiß

и

иккен	(Verbalnomen)
иккен	vermutlich, wohl
иккӗ	zwei
ил-	nehmen, kaufen, bekommen
илем	Schönheit
илемлӗ	schön
илемлен-	schöner werden
илемлет-	verschönern
илсе кай-	wegnehmen
илсе кил-	mitbringen
илсе пыр-	mitnehmen
илт-	hören
илтӗ-	(zu)hören
илтӗн-	zu hören sein
инке	Bruders Frau
инкек	unglücklich
интереслӗ	interessant
ир	Morgen
ирех	früh
ирӗк пар-	gestatten
ирӗк(лӗх)	Freiheit
ирӗклӗ	frei
ирӗксӗр	unfrei
ирт-	vorbeigehen
ирттер-	verbringen (Zeit)
ирхи	morgendlich
ирхине	morgens
итальян	Italiener
итле-	anhören
итлеттер-	zu Gehör bringen
иш-	schwimmen

й

йӑваш	sanft, ruhig
йӗ(р)-	weinen
йывӑр	schwer
йывӑç	Baum
йытӑ	Hund
йыхрав	Einladung
йышан-	annehmen

к

кай-	(weg-)gehen
кайӑк	Vogel
кайра	hinten
кайри	hinterer
кала-	sagen, sprechen
калаç-	sprechen, sich unterhalten
калав	Erzählung
калавçă	Erzähler
калама çук	unsagbar
каласа пар-	erzählen
кам	wer
кам-та пулин	wer es auch sei
кан-	ausruhen
Канаш	Kanasch (Stadt)
карланкӑ	Kehle
кас-	schneiden
кастрюль	Kochtopf
каç	Abend
каç-	hinübergehen
каçар-	verzeihen
каçхи	abendlich
каçхине	abends
кашăк	Löffel
кашкӑр	Wolf
кашни	jeder, jede
каччӑ	junger Mann
качча кай-	heiraten (f.)
кая	zurück, rückwärts
каярахпа	später
кӑвак	blau
кӑмӑл	freundlich

кăмăллă	angenehm, erfreulich	кул-	lachen
кăмпа	Pilz	култар-	zum Lachen bringen
кăна	nur, erst	кун	Tag
кăнтăр	Süden, Mittag	кунĕпе	den ganzen Tag
кăнтăрла	mittags	кунта	hier, hierher
кăрлач уйăхĕ	Januar	кунти	hiesiger
кăçал	dieses Jahr	купăста	Kohl
кăтарт-	zeigen	кур-	sehen
кăшкăр-	schreien	кура	hinsichtlich, entsprechend
кăшт	ein wenig	курăн-	aussehen, sich zeigen
кенгуру	Känguruh		
кĕмĕл	Silber, silbrig	курнăç-	sich sehen
кĕнеке	Buch	куç	Auge
кĕпер	Brücke	куç-	übersiedeln
кĕ(р)-	hineingehen	куçлăх	Brille
кĕр, кĕркунне	(im) Herbst	кушак	Katze
кĕреш-	sich bekämpfen	кÿ(р)-	bringen
кĕрсе тух-	vorbeischauen	кÿршĕ	Nachbar
кĕске	kurz		
кĕскел-	kürzer werden	**л**	
кĕçĕн	klein, jünger	лайăх	gut
кĕçĕн кăрлач	Februar	лайăхлан-	besser werden
кĕçнерникун	Donnerstag	лайăхлат-	verbessern
кĕт-	warten	лар-	sitzen, sich setzen
кивĕ	alt	ларт-	setzen, pflanzen
кил	Haus, Zuhause	лаша	Pferd
кил-	kommen	леш(ĕ)	jener dort
килĕш-	gefallen, zusagen		
кирек	beliebig	**м**	
кирлĕ	notwendig	магазин	Kaufhaus
клас	Klasse	май	Richtung
контракт	Vertrag	малта	vorne
ку	dieser	малтан	vorher, davor
кукăль	Pastete	малти	vorderer
кукаçи	Mutters Vater	ман-	vergessen
кукамай	Mutters Mutter	мар	nicht
кукка	Mutters Bruder	машина	Auto

мĕн	was
мĕнле	wie (geartet)
мĕн-те пулин	was es auch sei
мĕншĕн	warum, weshalb
мечĕк	Ball
минут	Minute
миçе	wie viele
музей	Museum
музыка	Musik
мул	Reichtum, Besitz
мулкач	Hase
мухта-	loben
мухтан-	sich loben
мучи	Vaters Bruder

н

начар	schlecht
ниçта та	nirgends, nirgends hin
никĕс	Basis
никам (та)	niemand
нимĕç	deutsch, Deutscher
нимĕçле	auf Deutsch
нимĕн (те)	nichts
нихçан та	niemals
нумай	viel, viele

п

пай	Teil
палăрт-	äußern
палла-	kennen
паллаш-	sich kennenlernen
пальто	Mantel
па(р)-	geben
парне	Geschenk
пасар	Markt
пат	Angesicht, bei
патшалăх	staatlich, Staats-...
паха	wertvoll
паян	heute
паянхи	heutig
пăлхан-	aufgeregt werden
пăрах-	werfen
пăс-	zerstören
пăх-	schauen
пăхмасăрах	ungeachtet, trotz
пăшăрхан-	sich aufregen
пек	(genau) wie
пе(р)-	werfen
пĕçер-	kochen
пĕл-	wissen, können
пĕлĕт	Wolke
пĕлтĕр	letztes Jahr
пĕлтер-	wissen lassen
пĕлÿ	Wissen, Kenntnis
пĕрле	zusammen
пĕрлеш-	sich vereinigen
пĕр-пĕри	einander
пĕрре	eins
пĕçер-	kochen, backen
пĕт-	enden
пĕтер-	beenden
пĕчĕк	klein
пĕччен	alleine
пиç-	kochen
пиллĕк	fünf
пин	tausend
пирки	wegen, über
питĕ	sehr
питĕр-	abschließen
пичче	älterer Bruder
поезд	Zug
поэзи	Poesie
премьера	Premiere
процент	Prozent
пукан	Stuhl

пул-	werden, sein	сакăрвуннă	achtzig
пула	wegen, infolge	саккăр	acht
пуласси	Zukunft	салам	Gruß
пулă	Fisch	самолет	Flugzeug
пулăçă	Fischer	сарă	gelb
пулăш-	mitwirken, helfen	сарăл-	sich ausbreiten
пултар-	imstande sein	сасă	Stimme
пур	vorhanden	сасартăк	plötzlich
пурăн-	leben, wohnen	сахал	wenig
пурнăçла-	erfüllen	сая	vergebens
пурте	alle	сăлтавсăр	vergebens
пуç	Kopf	сăмах	Wort
пуçла-	anfangen	Сăр	Sura (Fluss)
пуçлан-	beginnen	сехет	Uhr, Stunde
пуçласа	angefangen von, von … an	Сĕве	Swijaga (Fluss)
		сĕм	wirklich
пуçне	außer	сĕн-	empfehlen, raten
пуçтар-	(ein)sammeln	сĕнӳ	Empfehlung, Rat
пут-	versinken	сĕтел	Tisch
пухăн-	sich versammeln	сивĕ	kalt
пуш уйăхĕ	März	сивĕн-	kalt werden
пуян	reich	сик-	hüpfen, springen
пуянлăх	Reichtum	симĕс	grün
пӳлĕм	Zimmer	сис-	spüren
пӳрт	Haus, Hütte	сисĕнми	unmerklich
пы(р)-	hingehen, kommen	словарь	Wörterbuch
пылак	süß	суйла-	wählen
пысăк	groß	суйлав	Wahl
		суйлавçă	Wähler
р		сулахай	linker
раштав уйăхĕ	Dezember	сулхăнлан-	abkühlen
республика	Republik	сумка	Tasche
		сут-	verkaufen
с		суту	Verkauf
савăн-	sich freuen	сутуçă	Verkäufer
савăнтар-	erfreuen	сухал-	verloren gehen, verschwinden
садик	Kindergarten		
сайраран	selten	счёт	Rechnung

сывă	gesund	çĕршыв	Land
сывлăх	Gesundheit	çĕт-	verschwinden
сылтăм	rechter	çи	Oberseite, auf
		çи-	essen
ç		çиелте	oben
çав(ă)	dieser dort	çил	Wind
çавăнпа	deshalb	çинчен	betreffend, über
çавăнта	da, dort, dorthin	çирĕм	zwanzig
çавăр-	drehen, wenden	çит-	erreichen, ankommen
çаврăн-	sich drehen		
çак(ă)	dieser hier	çити	bis ... hin
çакăнта	hier, hierher	çитмĕл	siebzig
çамрăк	jung	çиччĕ	sieben
çамраклан-	jünger werden	стакан	Glas
çамраклат-	verjüngen	çу-	waschen
çамрăклăх	Jugend	çу уйăхĕ	Mai
çанталăк	Wetter	çу, çулла	(im) Sommer
çапла	so (ist es), ja	çук	nicht vorhanden, nein
çарат-	berauben		
çăвăн-	sich waschen	çул	Jahr
çăкăр	Brot	çул	Weg
çăмăл	einfach, leicht	çул чекĕ	Reisescheck
çăраççи	Schlüssel	çум	Seite, zu, an, bei
çеç	nur, erst	çумăр	Regen
çеçен хир	Steppe	çур	halb
çемçе	weich, zart	çур, çуркунне	(im) Frühling
çемье	Familie	çурă	Hälfte
çĕкле-	hochheben	çурал-	geboren werden
çĕклен-	sich erheben	çуран	zu Fuß
çĕн-	siegen	çурла уйăхĕ	August
çĕнĕ	neu	çурт	Haus
çĕнĕл-	sich erneuern	çут çанталак	Natur
çĕр	hundert	çутă	Licht, hell
çĕр	Nacht	çухат-	verlieren
çĕр	Ort, Stelle, Erde	çÿре-	gehen
çĕрĕ	Ring	сывăр-	schlafen
çĕрле	nachts	сывăх	Nähe
çĕртме уйăхĕ	Juni	сывхар-	sich nähern

çын (çынни)	Mensch, Mann	театр	Theater
çыр-	schreiben	телей	Glück
çырт-	beißen	телейлĕ	glücklich
çыру	Schreiben, Brief	темĕн/тем	irgend etwas
		темиçе	einige

Т

		тен	vielleicht
тав ту-	danken	тенкĕ	Tenge (Währung)
тавлаш-	sich streiten	тепĕр	der andere
таврăн-	zurückkehren	тетрадь	Heft
тавра	um ... herum	тĕл пул-	treffen, sich treffen
тавтапуç	Danke	тĕлĕнмелле	erstaunlich
такам	irgendwer, jemand	тĕп	hauptsächlich
такăр	gerade	тĕрĕс	richtig
тапăн-	einfallen	тĕрлĕ	unterschiedlich
тар-	rennen	тĕттĕмлен-	dunkel werden
таран	bis zu	тимĕр	Eisen
тархасшăн	bitte	тимĕрçĕ	Schmied
таса	sauber	тимле-	eifrig sein
тасалăх	Sauberkeit	тин	erst
таçта	irgendwo, irgend wohin	тин çеç	gerade erst
		тинĕс	Meer
тата	und auch, und noch, noch mehr	тир	Fell
		ту-	machen
тахçан	irgendwann	туй-	fühlen
тăван	vertraut, verwandt	тунтикун	Montag
тăваттă	vier	туп-	finden
тăпă	klar, sauber	турт-	rauchen
тă(р)-	stehen, aufstehen	тус	Freund
тăрăх	entlang, gemäß,	туслăх	Freundschaft
тăрăш-	sich bemühen	туслаш-	sich anfreunden
тăс-	austrecken	тутă	Geschmack
тăхăрвуннă	neunzig	тутăр	Taschentuch
тăххăр	neun	тутар	Tatare, tatarisch
тăшман	Feind	Тутарстан	Tatarstan
те	und, auch	тух-	hinausgehen, (hin-)aufgehen
те-	sagen		
те ... те	sowohl ... als auch, weder ... noch	туян-	kaufen
		тӳ-	zerkleinern

тӳле-	bezahlen	утă	Heu
тӳлев	Gebühr	утă уйăхĕ	Juli
тӳпе	Himmel	утмăл	sechzig
тӳрĕ	gerade	учитель	Lehrer
тӳшек	Bettdecke	уяв	Fest
тымар	Wurzel		
тыт-	fassen, halten	**ÿ**	
тытăн-	sich anschicken, beginnen	ÿк-	fallen
		ÿкер-	fallen lassen
		ÿс-	wachsen
у		ÿстер-	wachsen lassen
уйăх	Monat		
уйрăмах	außergewöhnlich	**х**	
улма, пан улми	Apfel	хавас	Freude, erfreut
улма-çырла	Obst	хаваспа	gerne, mit Vergnügen
улттă	sechs		
улшăн-	sich ändern	хайхи	jener besagte
ум	Vorderseite, vor	халăх	Volk, Bevölkerung
умĕн	vor	халĕ, халь	jetzt, gleich
унта	da, dort, dorthin	хам	ich selbst
упăшка	Ehemann	хамăр	wir selbst
упа	Bär	хаçат	Zeitung
уплюнкка	Hallimasch	хатĕр	bereit
ура	Bein, Fuß	хатĕрле-	vorbereiten
урăх	ein anderer	хатĕрлен-	sich vorbereiten
урам	Straße	хăвала-	jagen, einholen
урлă	über ... hinüber, jenseits	хăвар-	liegen lassen
		хăвăрт	schnell
урок	Unterricht, Lektion	хăй	er/sie selbst
урпа	Gerste	хăлха	Ohr
усă	Nutzen	хăна	Gast
усăллă	nützlich	хăнала-	bewirten
усăсăр	nutzlos	хăра-	sich fürchten
усал	übel, böse	хăрат-	Furcht einflößen
уç-	öffnen (trans.)	хăтлан-	versuchen
уçăл-	sich öffnen	хăш(ĕ)	welcher
уçăлса çӳре-	spazieren gehen	хваттер	Wohnung
ут-	gehen, schreiten	хĕвел	Sonne

хĕл, хĕлле	(im) Winter	час-часах	oft
хĕпĕрте-	erfreut sein	чăваш	tschuwaschisch, Tschuwasche
хĕр	Mädchen, Tochter		
хĕпĕ	Rand, neben	чăвашла	auf Tschuwaschisch
хĕрĕх	vierzig	чăматан	Koffer
хĕрлĕ	rot	чăтăм	Geduld
хирĕç	entgegen, gegen	чăтăмлă	geduldig
хисеп	Zahl, Anzahl	чăтăмсăр	ungeduldig
ху	du selbst	чее	schlau, listig
хула	Stadt	чеелĕх	Schlauheit
хуллен	langsam	чей	Tee
хум	Welle	чечек	Blume
ху(р)-	setzen, stellen, legen	чĕлхе	Sprache
хурăн	Birke	чĕн-	rufen, einladen
хурăнлăх	Birkenwald	чи	am meisten
хуç-	zerbrechen (tr.)	чипер	schön
хуçăл-	zerbrechen (itr.)	чирле-	krank sein
хуп-	schließen	числа	Zahl, Datum
хупăн-	(sich) schließen	чул	Stein
хура	schwarz	чуп-	laufen, rennen
Хусан	Kasan (Stadt)	чуралăх	Sklaverei
хут	Etage, Stockwerk; Mal	чух	Zeitspanne
		чÿк уйăхĕ	November
хуш-	befehlen	чÿрече	Fenster
хушă	Zwischenraum, zwischen	чылай	beträchtlich
		чыс	Ehre
хушăран	manchmal		
хыпалан-	sich beeilen	**ш**	
хыпар	Nachricht	шав	Lärm
хыç	Rückseite, hinter	шакка-	klopfen
хыç-	kratzen	шан-	glauben, vertrauen
хыççăн	nach	шартлама	grimmig (kalt)
хытă	hart, laut	шахмат	Schach
		шăллăм	jüngerer Bruder
ч		шăматкун	Samstag
чарăн-	anhalten, stehen bleiben	шăнкăравла-	anrufen
		шăп	still, leise
часах	bald	шăпăр	Besen

шел	schade, leider	эрнекун	Freitag
шĕлепке	Hut	эсĕ	du
шкул	Schule	эсир	ihr, Sie
Шупашкар	Tscheboksary (Stadt)	эхер	wenn
шурă	weiß		

ю

юл-	bleiben
юлан ут	Reitpferd
юлташ	Freund, Weggefährte
юман	Eiche
юманлăх	Eichenwald
юмах	Märchen
юнкун	Mittwoch
юпа уйăхĕ	Oktober
юра-	in Ordnung sein
юрат-	lieben
юрату	Liebe
юрă	Lied
юрăçă	Sänger
ют	ausländisch, fremd
юх-	fließen
юхăм	Strömung
юхан шыв	Fluss

(continuing left column)

шут тыт-, шутла-	beschließen, daran denken, beschließen
шутсăр	unvorstellbar
шухăшла-	denken
шыв	Wasser
шыра-	suchen

ы

ывăл	Sohn
ыйт-	bitten
ыйхă	Schlaf
ылтăн	Gold, golden
Ылтăн Орда	Goldene Horde
ырă	gut
ыран	morgen
ыранхи	morgig
ырат-	schmerzen
ыраш	Roggen
ытла	mehr, zu sehr
ытларикун	Dienstag

э

экскурси	Exkursion
эмел	Medikament
эпĕ	ich
эпир	wir
эрне	Woche

я

ял	Dorf
ялан	immer
япала	Ding, Sache
я(р)-	(los-)schicken
ят	Name
ятла-	schimpfen
ятлаç-	sich beschimpfen
яхăн	nahe
яшка	Suppe

Sachregister

Ablativ 15, 24, 48, 78
Ablativus partitivus 22, 23
Absicht 56, 58, 82
Adjektiv 23 ff.
Adverb 26, 109
Akkusativ 14
Alphabet 1
Alter 40
Alternativfragen 34
Äquativ 108
Artikel 11
Attribut 23, 31, 72
Aufforderungsformen 64
Betonung 2
Bruchzahlen 40
Dativ 13, 47
Datum 37
Deklination 13 ff.
Demonstrativpronomina 27
Distributivzahlen 41
dürfen 73
es 28
Finalsätze 92, 93
Fragepartikeln 33
Futur 58
gehören 13
Genitiv 13, 44, 45
Genitiv-Possessiv-Konstruktion 20
Großschreibung 2
haben 29
Hilfsverb *sein* 49
historisches Präsens 54
Imperativ 66 f.
Indefinitpronomina 32
indirekte Fragesätze 80
Infinitiv 73, 79, 84

Intensivformen des Adjektivs 25
Interrogativpronomina 32
Kardinalzahlen 35
Kasus indefinitus 11
Kausalsätze 78, 79, 80, 93
kausative Verbstämme 111 f.
Kollektivzahlen 37
Komparativ 24
Konjunktionen 99 f.
Konjunktiv 64, 70
können 74, 87
Konverbien 86 ff.
Konzessivsätze 97
Lokativ 15, 39
man 32
Modalsätze 86, 93, 94, 98
Multiplikativzahlen 36
müssen 83
Nebensätze 113
Nezessitativ 64, 85
Nominativ 11, 42
Objekt 113
Optativ 68
Ordinalzahlen 37
Partikeln 101 f.
Partizipien 52, 75 ff.
Passiv 75, 112
Perfekt 60 ff.
Personalendungen 54, 56, 60
Personalpronomina 28
Plural 12
Plusquamperfekt 69, 70
Possessivpronomina 29
Possessivsuffixe 16 ff.
Postpositionen 42 ff.
Prädikatsnomen 49, 52

Präsens-Futur 54
Präteritum 70
Pronomina 27 ff.
reflexive Verbstämme 110
Reflexivpronomina 30
Relativsätze 72 ff.
reziproke Verbstämme 111
reziprokes Pronomen 31
sollen 64, 67, 68
Sprachbezeichnungen 108
Subjekt 113
Subjektkasus 11
Substantiv 11 ff.
Suffixbildung 3
Superlativ 25
Temporalsätze 77, 78, 81, 84, 94, 95, 97, 98
Themasuffix 52
Uhrzeit 39
unbestimmtes Futur 56
verallgemeinernde Relativsätze 97

Verbalkompositionen 86, 88
Verbalnomina 72 ff.
Verbalsubstantive 72, 78 ff.
Verbstamm 52
Verneinung 49, 52
Vokalharmonie 2
Vollverb 52 ff.
wollen 58
Wortbildung 103 ff.
Wortfolge 113 f.
Wunsch 59, 83
Zugehörigkeitssuffix 106
zusammengesetzte Substantive 21
zusammengesetzte Verbformen 69
иккен 80, 102
пул- 50, 71
пур 29, 50, 79
çук 29, 50, 79
тăр- 54
-(ч)чĕ 51, 69

Literaturverzeichnis

Benzing, Johannes: Deutsch-tschuwaschisches Wörterverzeichnis nebst kurzem tschuwaschischem Sprachführer. Berlin 1943

Benzing, Johannes: Das Tschuwaschische. Philologiae Turcicae Fundamenta 1959, S. 695–751

Benzing, Johannes: Tschuwaschische Forschungen (I–V). ZDMG Bd. 94, 1940; Bd. 95, 1941; Bd. 96, 1942; Bd.104, 1954

Ceylan, Emine: Çuvaş Atasözleri ve Deyimleri. Ankara 1996

Clark, Larry: Chuvash. The Turkic Languages. London 1998, S. 434–452

Čaušević, Ekrem: Tschuwaschisch. Lexikon der Sprachen des europäischen Ostens. Klagenfurt 2002, S. 811–815

Krueger, John Richard: Cuvash Manual. The Hague 1961

Róna-Tas, András (Hrsg.): Chuvash Studies. Wiesbaden 1982

Андреев, Иван Андреевич.: Чувашский язык. Практический курс. Чебоксару 2002

Дегтярёв, Геннадий Анатольевич: Изучаем чувашский язык. Чебоксары 1995

Ермакова, Галина Алексеевна; Доброва, Надежда Васильевна; Степанова, Ирина Алексеевна: Чувашский язык. Учебное пособие. Чебоксары 2010

Николаева, Калиса Ивановна: Чувашский язык. Начальный курс. Чебоксару 2004

Сергеев, Леонид Павлович; Андреева, Евдокия Александровна; Котлеев, Виталий Иванович: Чӑваш чӗлхи. Шупашкар 2012

Скворцов, М. И.; Захемски, Л.: Русско – чувашско – венгерский разговорник. Чебоксару 1981

Скворцов, М. И.; Скворцова, А. В.: Русско – чувашский и чувашско – русский словарь. Чебоксары 2004

Angelika Landmanns Kurzgrammatiken erläutern die Grundlagen der usbekischen, kirgisischen, uighurischen, turkmenischen, aserbaidschanischen und tatarischen Sprache knapp, übersichtlich und leicht verständlich. Die systematisch nach grammatischen Kategorien gegliederten Inhalte werden anhand von Tabellen und Beispielsätzen aus der Alltagssprache veranschaulicht. Damit richten sich die Grammatiken sowohl an Personen, die bereits über Kenntnisse der Turksprachen verfügen, als auch an linguistisch Interessierte ohne Vorkenntnisse, die sich einen raschen Überblick über die Strukturen der Sprachen verschaffen wollen. Der Aufbau ist an Landmanns ebenfalls bei Harrassowitz erschienener türkischer Kurzgrammatik orientiert und erlaubt ein vergleichendes Studium der Turksprachen.

Zusätzlich enthalten die Grammatiken Anhänge mit Übersichten über die häufigsten Suffixe, Deklinationen der Substantive, Verbformen, die deutschen Nebensätze mit ihren jeweiligen Entsprechungen sowie alphabetische Vokabelverzeichnisse und Sachregister.

Usbekisch
2010. VI, 131 Seiten, br
ISBN 978-3-447-06289-3
€ 18,80 (D)

Kirgisisch
2011. VII, 129 Seiten, br
ISBN 978-3-447-06507-8
€ 18,80 (D)

Uighurisch
2012. VIII, 143 Seiten,
zahlreiche Tabellen, br
ISBN 978-3-447-06680-8
€ 18,80 (D)

Turkmenisch
2013. VIII, 137 Seiten,
zahlreiche Tabellen, br
ISBN 978-3-447-07002-7
€ 18,80 (D)

Aserbaidschanisch
2013. VII, 122 Seiten,
zahlreiche Tabellen, br
ISBN 978-3-447-06873-4
€ 18,80 (D)

Tatarisch
2014. 148 Seiten, br
ISBN 978-3-447-10163-9
€ 18,80 (D)

HARRASSOWITZ VERLAG • WIESBADEN
www.harrassowitz-verlag.de • verlag@harrassowitz.de

Angelika Landmann
Türkisch
Kurzgrammatik
2009. 119 Seiten, br
ISBN 978-3-447-06061-5
€ 14,80 (D)

Angelika Landmanns *Kurzgrammatik* enthält die Essenz ihres ebenfalls bei Harrassowitz erschienenen Lehrbuchs *Türkisch. Grammatisches Lehrbuch für Anfänger und Fortgeschrittene* und erläutert die wichtigsten Grundlagen der türkischen Grammatik knapp, übersichtlich und leicht verständlich.

Angelika Landmann
Türkisch
Tabellen zur Deklination und Konjugation
2009. VI, 128 Seiten, br
ISBN 978-3-447-06138-4
€ 14,80 (D)

Das Buch bietet einen raschen Überblick über die Deklinationen von Substantiven sowie über die wichtigsten Zeiten und Modi von Verben im Türkischen.

Angelika Landmann
Türkisch
Grammatisches Lehrbuch
für Anfänger und Fortgeschrittene
Mit einer CD im MP 3-Format zu sämtlichen Lektionen sowie mit alphabetischem Wörterverzeichnis und Übungsschlüssel
2., überarbeitete Auflage
2012. IX, 260 Seiten, 45 Abb., 1 Karte, 1 CD, br
ISBN 978-3-447-06670-9
€ 39,80 (D)

Angelika Landmanns *Grammatisches Lehrbuch* löst das erstmals 1942 erschienene und bereits 1986 von der Autorin überarbeitete Lehrbuch der türkischen Sprache von Herbert Jansky ab. Es richtet sich an Anfänger und Fortgeschrittene und ist geeignet für den Unterricht sowohl an Universitäten wie auch an Volkshochschulen und entspricht dem Gemeinsamen Europäischen Referenzrahmen A1–B2.

HARRASSOWITZ VERLAG • WIESBADEN
www.harrassowitz-verlag.de • verlag@harrassowitz.de